이 아이들이 정말
ADHD일까

이 아이들이 정말 ADHD일까

1판 1쇄 인쇄 2018년 12월 15일 ┊ 1판 2쇄 발행 2023년 6월 30일

글쓴이 김경림 ┊ 펴낸이 현병호 ┊ 편집 장희숙 ┊ 디자인 NOLL
펴낸곳 도서출판 민들레 ┊ 출판등록 1998년 8월 28일 제10-1632호
주소 서울시 성북구 동소문로 47-15 ┊ 전자우편 mindlebook@gmail.com
전화 02) 322-1603 ┊ 누리집 www.mindle.org ┊ 페이스북 facebook.com/mindle9898

ISBN 89-88613-76-4(03370) ┊ 잘못 만들어진 책은 바꾸어 드립니다.

이 도서의 국립중앙도서관 출판예정도서목록(CIP)은 서지정보유통지원시스템
홈페이지(http://seoji.nl.go.kr)와 국가자료공동목록시스템(www.nl.go.kr/kolisnet)
에서 이용하실 수 있습니다.(CIP제어번호: CIP 2018040315)

이 아이들이 정말 ADHD일까

김경림

민들레

ADHD는 개인의 주의력 결핍, 과잉 행동의 문제가 아니라
우리 사회의 인간에 대한 이해 결핍, 과잉 불안이 빚어낸 문제다!

ADHD에 관한 불편한 진실

ADHD 진단 후 12년

『ADHD는 없다』가 나온 지 6년이 지났습니다. 들이는 그 사이에 중학교, 고등학교를 졸업하고 지금은 대학생이 되었습니다. 들이가 처음 ADHD 진단을 받았던 게 초등학교 1학년이었으니까 그때로부터는 12년이 지났습니다.

이 책을 쓸 때는 들이가 6학년이었고, 글이 마무리된 건 중학교 1학년 때였습니다. 그러니까 ADHD 진단을 받고, 초등학교를 그만두고 대안학교로 갔다가 2년 뒤에 다시 일반 초등학교로 돌아와서 졸업을 하고, 중학교 들어가 1년 정도 지났을 때까지의 이야기였습니다. "이것 봐, ADHD 진단을 받은 아이가 약 안 먹고도 이렇게 건강하고 멀쩡하게 학교 잘 다니고 있다고!" 이런 얘기였습니다.

책이 나오고 나서 강연이나 모임에서 만난 부모들로부터 가장 많이 들었던 말은 "선생님네 아이는 ADHD가 아닌데 진단이 잘못되었던 것 같구요, 저희 아이는 ADHD가 맞아요"였습니다. 이 말을 정말 많이 들었습니다. 사실 이게 이 책에서 이야기하고자 하는 핵심 주제이 기도 합니다(왜 그런지는 책을 다 읽고 나서 후기에서 확인하시면 좋겠습니다).

들이가 ADHD가 아닌데 ADHD로 진단을 받았던 거라면 그거 야말로 큰일 아니겠습니까? 병원을 세 군데 찾아갔는데 세 번 모두 ADHD 진단을 받았으니 말입니다. 우리나라에서 ADHD에 가장 권 위 있다고 하는 병원들이고 그래서 몇 달씩 기다려 겨우 만난 의사들 인데 말입니다. ADHD라고 진단받아 약 먹고 있는 아이들 중에 들이 같은 아이가 도대체 얼마나 많을까요.

만약 들이가 ADHD였다면, 그 진단이 틀린 게 아니었다면, 이 책 은 10년 전에 들이 엄마가 그렇게도 간절히 찾아 헤맸던 바로 그 책인 겁니다. 정말 절박했어요. 한 사람만 있어 줘라, 제발 한 사람만 있어 줘라. ADHD 약 안 먹고도 잘 자랐다는 아이 한 명만 있어 줘라. 얼 마나 간절히 찾았는지 모릅니다.

지금도 어딘가에 나 같은 이가 또 있을 것 같아서 저는 자꾸자꾸 손 들고 일어나서 말할 겁니다. "지금 이 책을 읽고 있는 또 다른 들이 엄 마, 걱정 말아요. 들이는 잘 자랐어요. 또 다른 들이도 잘 자랄 거예 요. 걱정 말아요."

『ADHD는 없다』를 썼을 때는 들이가 이제 겨우 중학교를 1년 다 녔을 뿐이어서 그 후의 이야기가 궁금하실 것 같습니다. 대안학교 다 니다가 일반 초등학교로 돌아와서 1년, 그리고 중학교 들어가서 또 1 년밖에 안 다녔으니까요. 중2, 중3 올라가면서 또 어떤 문제가 생겨서 '그냥 계속 대안학교 다니게 둘 걸 그랬다' 후회했을 수도 있고, 공부가 너무 많이 뒤처져서 힘들어하다가 '처음부터 약 먹여서라도 공부 기초를 잡아주는 게 옳은 일이었나' 후회했을 수도 있을 테니까요. 다들 이렇게 될까 봐 불안해서 약 먹이고 있는 게 사실이지 않습니까.

다행히도 들이는 그 후로도 중학교 잘 다니고, 고등학교 가서는 공부도 열심히 하고, 가고 싶었던 대학에도 한 번에 잘 들어갔습니다. 방학 때 친구들하고 여행도 다니고, 주말에 아르바이트도 하는 건장하고 평범한 대학생으로 잘 지내고 있습니다.

물론 중고등학교 잘 다니고 대학 잘 갔다고 해서 잘 자랐다고 말하는 건 아닙니다. 학교 안 다니고 대학 안 가고도 잘 자라서 잘 살고 있는 사람들 많습니다. 그러나 지금 당장 매일같이 학교 선생님한테 전화 받으면서 아이를 이대로 놔뒀다가는 큰일 날 것만 같은 불안에 휩싸여 있는 부모들에게는 결국 '학교를 다니냐 못 다니냐, 대학을 가냐 못 가냐'가 아이에게 약을 먹일 수밖에 없는 이유가 되는 것이 사실입니다.

"지금 당장 학교 다니는 게 너무 힘들면 학교를 잠시 그만둬도 됩니다. 대안학교를 다녀도 되고, 나중에 다시 일반 학교로 돌아와도 됩니다. 공부는 스스로 하고 싶어질 때 하면 됩니다. 그런데 대학은 못 가요. 하지만 대학이 중요한 게 아니잖습니까." 이런 말은 이제 막 초등학생인 아이를 키우는 부모들 귀에는 "그냥 약 먹여서 학교 다니게 하는 수밖에 없지 않겠냐"는 소리로 들립니다. 그래서 이 얘기를 꼭 들려주고 싶었습니다. ADHD 진단을 받고 약을 안 먹은 아이가 지난 10년간 아주 잘 지냈다고, 학교도 잘 다니고, 공부도 성실히 잘 했다고, 이런 사례도 있다고 꼭 들려주고 싶었습니다.

ADHD 진단을 받고 아이에게 약을 먹이는 부모들이 모두 그게 어떤 약인지 몰라서 먹이는 것도 아니고, 그 방법이 최상의 해결책이라 믿어서 먹이는 것도 아닙니다. 대개는 어쩔 수 없어서 먹입니다. ADHD 약을 먹이는 부모들에게 이 책은 몹시 불편한 얘기를 하고 있습니다. 전문가인 의사가 ADHD라고 진단했는데, 약물로 치료해야 한다는데, 이 책은 다른 이야기를 하고 있으니까요.

제가 하고 싶은 말은 의사들이 거짓말로 부모들을 속이고 있다는 얘기가 아닙니다. 문제가 분명히 있고, 그 문제를 의료적인 처치로 해결하거나 완화시킬 방법이 있다면 그런 처방을 하는 것이 의사로서는 정당한 일입니다. '혈압약이 고혈압을 근본적으로 해결하는 것이 아니지 않느냐, 그러니 약을 먹지 말고 근본적인 원인을 찾아 해결해야 한다'라고 주장하는 것은 위험합니다. 약을 먹지 않으면 즉각 생명이 위험해질 수도 있으니까요. 원인 치료가 아니라 할지라도 꾸준히 꼬박꼬박 먹어야 합니다. 부작용이 있더라도 감수하고 말이죠.

이 책이 하고 있는 이야기는 '약 먹으면 큰일난다'거나 '약 먹을 필요 없다'가 아닙니다. 고혈압이면 약을 먹어야죠. 그렇게 위급하고 위험할 수 있는 일이면 말입니다. 그런데 고혈압이 아니라 불면증이면 어떻게 하겠느냐는 겁니다. 아이가 밤마다 잠 못 자고 보챈다고 1년 365일 수면제 먹여 재우자는 거냐, 그 얘기입니다. 물론 굉장히 고통스럽습니다. 일상생활이 제대로 안 되고 성격도 안 좋아지고 공부도 못하고 가족들도 죽을 지경이겠죠. 그렇다고 해서 수면제를 매일, 그것도 몇 년씩이나 매일 먹여 재우자는 거냐 그 말입니다.

만약 ADHD로 인해서 아이의 생명이나 안전이 위협을 받는다면 약을 먹여야 합니다. 하지만 수업에 방해가 되고 학습 진도를 못 따라가고 친구들과 잘 못 어울리고 교사나 가족을 힘들게 한다는 이유로 약을 먹여서는 안 됩니다. 무엇보다, 이 세상 그 누구도 자기 신체의 이유가 아닌 사회적인 이유로 타인의 결정에 의해 향정신성 약물을 먹어서는 안 됩니다. 이 책이 하고자 하는 얘기는 이겁니다.

중고등학교 수업 참관이나 시험감독을 해 본 분들은 아실 겁니다. 중학생들도 수업 중에 내내 떠들고 딴짓하고 사물함 가서 뭐 꺼내 오고, 친구한테 뭐 던지고, 던진 거 찾으러 돌아다니고, 정신이 하나도 없습니다. 고등학생들은 시험 시간 내내 엎드려 자는 건 예삿일이고, 영어 듣기평가 방송 나오고 있는데 화장실 갑니다.

초등학교 아이들이 그랬다간 어떻게 될까요? 시험 시간에 말도 없이 휙 나가서 화장실 가는 아이를 선생님은 뭐라고 할까요? 대부분 선생님들은 '혹시 모르니까' ADHD 검사를 받아 보라고 할 겁니다. 그런데 중학생들의 행동에 대해서는 교실붕괴, 교권붕괴라고들 얘기합니다. 고등학생쯤 되면 공부 포기한 애들이 많아서 그렇다고, 그냥 자게 놔두고 공부하는 애들만 공부시키는 게 낫다고, 졸업 때까지 사고 안 치고 학교 다녀 주면 감사한 일이라고 합니다.

초등학교 교실은 왜 붕괴되지 않고 애들이 ADHD인 걸까요? 중고등학교 교권은 무너졌다고 하는데 왜 초등학교 교권은 무너지지 않고 그 대신 ADHD 아동만 자꾸 늘어나는 걸까요? 돌출행동을 하는 고등학생은 공부를 포기해서 그런 거고, 초등학생은 왜 ADHD라서 그런 걸까요? 초등학교 애들이 어려서, 단지 아이들이 어리고 힘이 없어서 꼼짝없이 당하는 거라고 저는 봅니다.

중고등학교에서의 교실붕괴 현상에는 그런 일이 일어날 수밖에 없는 구조적 원인이 분명히 있습니다. 그 구조적인 원인이 초등학교에는 해당되지 않을까요? 그럴 리가요. 절반 이상의 중학생들이 수업이라는 프로그램에 정상적으로 참여할 수 없는 이유와 똑같은 이유가 초등학생들에게도 있습니다. 고등학생들이 무기력하게 엎드려 잠을 잘 수밖에 없는 이유와 똑같은 이유가 초등학생들에게도 있습니다.

같은 이유가 있으면 같은 방식으로 표출되어야 할 텐데, 초등학생들은 그럴 수 없습니다. 중고등학교에 비해 훨씬 장악력이 있는 교사와 부모에 의해 통제되기 때문입니다. 이런 구조 속에서 우리 사회의, 우리 교육의 복합적이고 구조적인 문제가 초등학생 개인들에게서 또 다른 형태로 터져 나오는 것이고, 우리 사회는 그 개인들의 신체에 향정신성 약물을 투여해서 문제를 해결하겠다고 하는 겁니다.

학습과 사회성에 문제가 있다고 보이는 아이에게 ADHD 약을 먹여서 공부 잘하게 하고 학교 잘 다니게 하는 것은 문제를 해결하는 것이 아니라 당장 눈에 보이지 않게 문제를 덮어 두는 겁니다. 그렇게 틀어막아 두었다간 언젠가(그리 오래지 않아) 정말로 감당 못할 문제가 한꺼번에 터져 나오게 될 겁니다.

문제를 풀려면 먼저 이 문제가 무엇을 묻는지부터 파악해야 합니다. 그게 문제 풀기의 기본입니다. 권위 있다는 누군가가 미리 알려준 정답만 달달 외워서 적어 냈다가는 (당장은 넘어갈 수 있을지 모르지만) 결국은 망합니다.

아이들이 왜 주어진 과제를 수행하지 못하고 지시에 따르지 않고 눈치없이 굴고 거슬리는 행동을 하게 된 것인지, 그리고 우리는 왜 이런 걸 깊게 들여다볼 겨를도 없이 황급히 '병원부터 찾아가' 향정신성 약물을 먹여서라도 얼른 똘똘하고 빠릿빠릿하게 만들려고 하는지, 그러지 않으면 큰일날 것처럼 믿게 되었는지, 그것부터 파헤쳐 봐야 하지 않을까요? 이게 이 책이 던지는 질문입니다.

이 책에는 6년 전에는 할 수 없었던 두 가지 이야기가 보태어졌습니다. 하나는 그 이후로 들이가 중고등학교를 거쳐 대학생이 되기까지 어떻게 지내 왔는지, 학교생활을 어떻게 하고 공부를 어떻게 했는지에 관한 이야기입니다. 초등학생 부모 입장에서는 아마도 이 부분이 가장 궁금하고, 듣고 싶은 이야기일 거라 생각합니다. 다른 하나는 『ADHD는 없다』를 낸 이후로 독자들 그리고 강연과 모임에서 만난 부모와 교사들을 통해 알게 된 내용들입니다. 아이의 문제행동이 어떻게 ADHD 진단으로 이어지는지, ADHD 약 복용의 실태가 어떠한지, 진단과 약 복용이 학교 생활을 비롯한 아이의 삶에 어떤 영향을 끼쳤는지, 장기간 약을 먹으면서 아동기를 보낸 청년들이 어떻게 약에 의존하게 되는지 등 직접 경험한 당사자들의 이야기를 들을 수 있었습니다. 이런 사례들을 접하면서, 처음 이 책을 내기 전에 ADHD에 대해 공부하고 알아갈 때보다 더 크고 무거운 충격을 받은 적이 많았습니다.

저와 저희 아이 이야기는 단지 하나의 사례일 뿐입니다. 이 개인적인 경험을 일반화할 수는 없습니다. 다만, 수를 비교할 수조차 없을 만큼 많은 사람들이 당연한 듯 따라가고 있는 길, 즉 아이에게 이러이러한 문제가 나타나면 병원에 가서 진단을 받고 약을 먹이면 된다고 믿고, 또는 그 방법밖에는 없다고 믿고 따라가고 있는 그 길에서 한발 벗어나 다른 눈으로 문제를 바라보고 다른 길을 찾아 걸어간 사례라는 점에서 의미가 있다고 생각합니다. 10여 년 전 저처럼 '이건 정말 아닌 것 같다' 싶은데도 다른 길이 보이지 않아서 막막한 부모들에게는 '이런 사례도 있다'는 것 자체가 중요할 거라고 봅니다.

모쪼록 아이에게 가장 좋은 길을 찾으시기를, 그리고 지금 넘어야 하는 이 고비가 오히려 부모와 아이가 더 튼실한 관계를 맺고 함께 성장해 갈 수 있는 좋은 계기가 되기를 바랍니다.

2018년 11월
김경림

II. ADHD는 문제가 아니라 재능이다

III. ADHD로부터 아이를 보호하라

IV. 문제는 아이들에게 있지 않다

아이에게 내가 배운 것

많은 엄마들이 그렇듯이 나 역시 ADHD가 뭔지 잘 몰랐다. 텔레비전이나 인터넷 기사에서 가끔 본 적이 있었고, '주의력 결핍 과잉행동 장애(Attention Deficit Hyperactivity Disorder)'의 영문 약칭이라는 것 정도만 알고 있었다. 그래서 그게 정말 무슨 장애인 줄로만 알았다. 그런데 아이가 초등학교에 입학하자 1학년 담임선생님이 '혹시 모르니까' ADHD 검사를 받아 보라고 했고, 아이를 데리고 신경정신과를 찾아가 상담을 한 결과 ADHD 진단을 받았다. 다른 병원을 찾아갔더니 거기서도 ADHD라고 했다.

진단을 받고 나서, 나는 내 아이가 다른 아이들과 똑같다는 걸 교사들에게 증명해 보이려고 애를 썼다. 내가 잘못 키워서 그런 걸 괜히 애한테 문제가 있는 걸로 몰아 버리는 게 될까 봐 겁이 났다. 그래서 학교에서 인정받는 주류 엄마들이 하는 대로 따라가 보려고 애를 썼다. 그러나 그 방향으로 가면 갈수록 아이는 점점 더 피폐해져 갔다. 나는 우리 아이를 다른 아이들과 똑같게 만들려는 내 노력이 근본적으로 잘못된 것이라는 걸 깨달았다.

내 아이가 다른 아이들(정확히 말하면 우리 사회와 학교가 요구하는 전형적인 학생들)과 똑같지 않다는 것을 일단 인정한 후에는, 그 사실을 적극적으로 받아들였다. 다른 아이들과 똑같지 않다는 것을 인정했다는 것은 우리 아이에게 문제가 있다는 것을 인정했다는 의미가 아니다. 지금의 학교교육 시스템 속에서 우리 아이가 스스로를 보호하고 지켜내기가 매우 어렵겠다는 사실을 인정했다는 의미다.

나는 아이가 본래부터 가지고 있던 자기 고유의 것을 잘 지키면서 건강하게 자랄 수 있게 해 주는 게 부모로서 내가 할 일이라고 생각했다. 약은 애초부터 단 한 알도 먹인 적이 없다. 행동치료도 받은 적이 없다. 나는 아이를 고쳐야겠다는 생각을 버리고, 아이에 대해 더 잘 알고 이해하려는 노력을 했다. 내가 아이와 같은 편이 되자, 아이는 생각했던 것보다 훨씬 빠르게 본래의 자기 자신을 찾아가기 시작했고, 놀랄 만큼 적극적이고 능동적인 협력자가 되었다. 대상이 아니라 주체가 되었고, 엄마와 동지 같은 관계, 협력자의 관계가 되었다.

우리 아이가 예전에는 다른 아이들과 달랐으나 이제는 다른 아이들과 똑같아졌다는 말이 아니다. 우리 아이는 예전이나 지금이나 그냥 있는 그대로의 자기 자신일 뿐이다. 예전에는 뭔가 자신을 바꾸려고 애를 썼다면, 지금은 자기가 가진 성향과 자질을 최대한 긍정적인 방향으로 활용하고 있을 뿐이다. 스스로 이렇게 할 수 있는 힘이 예전에는 없었고 지금은 생긴 것뿐이다.

나는 아이와 함께 여기까지 오는 동안 정말 귀중한 깨달음을 얻게 됐다. '본질을 추구하는 것이 언제나 가장 좋은 해결책'이라는…. 눈앞에 드러나는 현상에 초점을 맞추면 현상 너머, 그 안쪽 깊은 곳에서 정작 무슨 일이 일어난 건지 알 수 없게 된다. 사람은 누구나 있는 그대로의 자기 자신일 때 가장 행복하고 편안하다는 것, 사람은 누구나 편안하고 충만한 상태에서는 자신과 주변을 이롭게 하는 방향으로 에너지를 발산하게 된다는 것, 이것이 본질이다.

우리 아이가 겪은 이 모든 일들은 어떻게 설명될 수 있을까?

'ADHD는 약물치료가 아닌 부모와 환경의 변화로 충분히 극복될 수 있는 것'이라고 봐야 할까, 아니면 '애초에 ADHD가 아니었다'고 봐야 할까. 어쨌든 둘 중 하나다. ADHD였다면 약물치료 없이 좋은 결과를 본 사례가 될 것이고, 만약 ADHD가 아니었다고 한다면 오진으로 인해 엄청난 정신적 고통을 받은 사례가 될 것이다. 만약 우리 아이가 잘못된 진단으로 인해 몇 년간 약물을 복용했더라면 그 약 때문에 나은 거라 할 테니 억울한 약물복용의 피해를 증명할 길은 없는 셈이다. 실제로 이렇게 억울하게 약을 먹고 있는 아이들이 많을 것이다.

나는 이 책에서 약물치료를 하지 않고 어떻게 해서 좋은 결과를 볼 수 있게 되었는지를 내 경험을 통해 이야기하려 한다. 또 ADHD에 대해 광범위하게 퍼져 있는 오해와 잘못된 인식, ADHD 약물치료의 위험성과 폭력성에 대해 이야기할 것이다. 그리고 교사나 의사의 입장과 부모의 입장이 어떻게 다른지, 왜 달라야만 하는지, 부모가 교사나 의사의 입장에 동조해서 아이를 대상화할 때 아이가 얼마나 처참한 상황에 내몰리게 되는지에 대해 이야기할 것이다. 또 ADHD라는 이름으로 억울하게 핍박받고 고통받는 이 아이들이 가진 귀중하고 특별한 재능과 자질에 대해서도 이야기하고 싶다.

약물치료라는 폭력적인 방법을 도저히 아이한테 쓸 수 없어서 어떻게든 다른 방법을 찾아야만 했던 엄마로서의 간절함이 결국 가장 좋은 방법과 결과에 이르게 한 것이지만, 그게 오직 신념과 노력에만 그쳤더라면 이렇게까지 확신을 가지고 말할 수 없었을 것이다. 나와 내 아이가 직접 겪었고 실제로 분명한 결과를 봤기 때문에 확실히 말할 수 있다. 이루 말로 할 수 없는 절박함과 시시때때로 부딪치게 되는 좌절, '내가 지금 하는 선택이 맞는지 틀렸는지' 미칠 것만 같은 불안과 혼란을 고스란히 겪어 내면서 여기까지 온 터라, 당사자가 아닌 사람이 그냥 이론이나 관념으로 하는 말과는 분명 다르리라 생각한다.

ADHD는 병도 아니고 장애도 아니다. 그냥 아이가 가진 어떤 특징이고 성향일 뿐이다. 창의적인 아이, 호기심이 많은 아이, 활동적인 아이, 통찰력이 있는 아이, 예민한 감각을 가진 아이… 수도 없이 이름을 붙일 수 있다. 어떤 아이는 절대음감을 가지고 태어나고 어떤 아이는 놀라운 통찰력을 가지고 태어난다. 그리고 어떤 아이들은 이 사회와 학교가 ADHD라는 분류표를 달아 버린 어떤 성향들을 가지고 태어난다. 이 아이들을 어떤 학자는 '사냥꾼 기질을 가진 아이들'이라고 부르고 또 어떤 학자는 '인디고 아이들'이라고 부르고, 학교와 병원에서는 'ADHD'라고 부른다.

이 아이들은 분명 특별한 아이들이다. 특별히 우월하다거나 특별히 문제가 있다는 뜻이 아니다. 아이가 가진 특성을 있는 그대로 인정해 주고, 그 특성을 아이 자신에게 득이 되는 방향으로 활용할 수 있게만 해 준다면 ADHD 아이들은 아무 문제가 없을 뿐만 아니라 오히려 그 특별함으로 인해 어떤 아이들보다도 빛이 나는 아이들이다.

처음에는 나도 이런 분명한 생각을 가질 수 없었다. ADHD와 관련된 책은 내가 찾을 수 있는 한 거의 다 찾아서 읽고 공부했다. 수많은 연구 결과와 주장과 의견들이 있다. 그 속에서 내가 어떤 방향을 잡을지 결정해야 했다. 나는 정말 다행스럽게도 부모로서 올바른 방향을 잡을 수 있는 책들을 만났다.

ADHD를 병이나 장애로 보아서는 안 된다고 주장하는 학자들은 이미 많다. 이 아이들의 남다른 재능과 장점에 주목하는 학자들도 많다. 나는 아이를 가장 가까이에서, 가장 오랜 시간 지켜보며 키운 엄마로서 그들의 관점과 연구결과에 너무나 깊이 공감했다. 마치 우리 아이를 오랜 시간 옆에서 지켜보고 쓴 책 같았다. 그래서 나는 당연히 그들이 제시하는 해결 방법을 적극적으로 따랐다. 그 결과 ADHD와 관계된 이 모든 일들이 일어나기 이전보다도 훨씬 더 만족스러운 결과를 얻었다. 만약 아무 일 없이 지나가는 바람에 내 아이의 특별한 재능에 대해 잘 모르고 키웠더라면 이렇게까지 좋을 순 없었을 것이다.

이 책에 쓰인 주장과 관점과 사실들은 모두 학자들이 쓴 책을 통해 얻은 것들이고, 따라서 분명한 출처를 밝힐 수 있는 내용들이다. 이 책은 경험자로서 내가 선택한 주장과 관점, 내가 교과서로 삼은 학자들의 견해를 따르고 있다. 따라서 어느 한쪽에 치우친 입장일 수밖에 없다. 내가 만나 본 한 의사는 나에게 '어느 한쪽을 정해서 그쪽만을 따르라'고 조언했다. 맞는 말이다. 이 책을 읽는 부모들에게 나도 이 말을 하고 싶다. 되도록 많이 읽고, 많이 공부하고, 그중에서 가장 옳다고 생각되는 입장을 선택해서 거기에 충실히 따르라고.

　　모든 것이 좋아지고 나서, 나는 우리 아이가 ADHD가 아니었다는 걸 확인하고 거기서 끝내고 싶었다. "세상에… 이렇게 멀쩡한 애를 ADHD인 줄 알 뻔했어!"라고. ADHD는 나와 상관없는 남의 얘기라고 등 돌리고 외면하고 싶었다. 그렇게 '나는 다행히 그들과 같은 처지가 아님'을 기뻐하며 안도하며 감사하며 살고 싶었다. 그런데 미용실에서 머리 말면서 아무 생각 없이 펼친 잡지에서 정말 말도 안 되는 ADHD 관련 기사를 보게 됐을 때, 무심코 TV 드라마를 보다가 극중 아이가 ADHD라는 설정으로 펼쳐지는 말도 안 되는 상황을 보게 됐을 때, 친구의 아이가 학교에서 괴롭힘을 당했는데 '가해자 아이가 알고 보니 ADHD였다더라'는 얘기를 들었을 때, 그때마다 가슴에서 뜨거운 것이 훅 올라오곤 했다. '나하고는 아무 상관없는 일인데 내가 왜 이래…' 하면서도, 이런 말도 안 되는 오해와 편견을 온몸으로 당하고 있을 그 어린것들을 생각하면 무슨 조건반사처럼 눈시울이 붉어지면서 목에 커다란 알사탕이 걸린 것처럼 숨이 꽉 막히곤 했다.

　　지금 그 아이들과 부모들이 겪고 있는 그 고통 속에 내가 있었을 때, 나는 다행히도 본질적인 해답을 찾을 수 있도록 방향을 잡아 주는 멘

토를 만났고, 딱 떨어지는 관점을 제시해 주는 책 몇 권을 만났고, 그 덕분에 내 아이와 내가 죽지 않고 살 수 있었다. 만약 그때 미친 듯이 해답을 찾아 헤매는 나를 멘토가 무심히 외면했으면 나는 어떻게 됐을까. 그 고마운 책들의 저자들이 만약 그 책을 쓰지 않았다면 나와 내 아이는 어떻게 됐을까! 한 사람이 한 사람을 살리고, 그 한 사람이 또 다른 누군가를 살리고… 이렇게 사람을 살리는 순환의 고리를 중간에 잘라먹지 않고 연결할 책임이 나에게 있다는 걸 깨달았고, 그래서 결국 이 책을 쓰게 됐다. 이 책을 통해 단 한 사람이라도 자신과 아이를 살릴 수 있는 해답을 얻게 된다면 내가 진 빚을 조금이나마 갚을 수 있지 않을까.

Ⅰ. ADHD에 관한 불편한 진실

ADHD에 대한 오해들

어떻게 해서
ADHD 진단을 받게 되는가

—　　　　　　　　　　　　들이는 초등학교 1학년
때 ADHD 진단을 받았다. 그 전까지 ADHD가 무엇인지도 잘 몰랐고,
들이와 ADHD를 관련지어서 생각해 본 일은 더더욱 없었다.

보통 부모가 아이를 병원에 데려갈 때는 부모가 보기에 아이의 어떤
점이 문제라고 느껴져서 데려가기 마련이다. '내가 보기에는 걱정이 되
는데 의사가 보기에도 이게 문제가 될 만한 것인지' 그걸 분명히 알기
위해 병원에 데려간다. 그런데 내 경우에는 그런 것이 전혀 없었다. 평
상시에 뭔가 다른 아이들과 다르다고 생각될 만큼 산만하다거나 집중
을 못한다거나 하는 특징들이 없었다. 문제가 되는 상황은 초등학교에
입학한 뒤에 학교에서 나타났고, 나는 담임선생님에게서 처음으로 아
이에게 문제가 있다는 얘기를 듣게 됐다.

일의 시작은 이렇다.

초등학교에 입학하고 나서 한 달쯤 지난 4월 초에 학부모 개별면담

에 갔다. 다니는 직장이 격주 휴무여서 토요일 면담 일정을 맞추기가 쉽지 않았다. 담임선생님은 나를 만나자마자 첫마디로 "아유, 들이 어머니! 제일 먼저 오셨어야 되는데 이제 오셨네. 한글을 안 깨쳐서 보내시면 어떡해요!" 했다. 이게 무슨 소린지 어안이 벙벙했다. 들이가 한글을 전혀 읽지도 쓰지도 못한다는 것이다.

들이는 다섯 살 때 이미 한글을 깨쳤다. 여섯 살이 되어서는 유치원에 입학하자마자 친구들한테 책 읽어 주는 걸로 인기를 누렸다. 들이가 책을 뽑아 들면 친구들이 "얘들아! 들이가 책 읽어 준대~" 하고 들이 주위에 몰려든다면서 유치원 선생님도 신기해했다. 유치원에 있는 책은 다 읽어 줘서 더 이상 친구들한테 읽어 줄 책이 없다면서 집에 있는 책을 들고 가기도 했다. 그런 아이를 두고 아직 한글을 못 깨쳤다고 하니, 나는 당연히 뭔가 착오가 있나 보다 생각할 수밖에 없었다.

그러나 선생님은 들이가 정말로 읽기 쓰기를 못할 뿐만 아니라 수업 시간에 맞는 교과서를 찾는 일조차 못한다고 했다. 그리고 수업시간 내내 고개가 창문 쪽으로 돌아가 있고 운동장만 내다본다고 했다.

"무슨 용수철 인형 같애. 고개가 그냥 저절로 돌아가요. 손바닥도 때려 보고 벌도 세워 보고 별짓 다해도 안 돼. 애가 그냥 넋을 놓고 있어요."

선생님이 말을 하는 동안 나는 '지금 이게 꿈을 꾸고 있는 거겠지, 설마…' 하는 생각이 들 정도로 정신이 멍해졌다. 처음 입학한 학교 분위기에 적응이 안 돼서 그러는 거라고 보기에는 너무 심하지 않은가. 집에서만 키운 애도 아니고 어린이집부터 시작해서 유치원 2년까지

4년을 다녔는데…. 그동안은 아무 문제가 없었다. 어린이집 종일반을 다닐 때는 마지못해 다니긴 했지만 이렇다 할 문제는 없었고 유치원은 무척 좋아하면서 다녔다. 들이는 굳이 분류하자면 고지식한 모범생 쪽이지 수업시간에 다른 책 펴놓고 운동장 내다보고 하는 식의 행동은 상상할 수도 없는 아이였다. 들이는 오히려 원칙이나 약속이 안 지켜지는 상황을 참기 어려워하는 편이었다. 유치원과 학교가 아무리 분위기가 다르다고는 해도 그래도 이건 너무나 이상하고 이해할 수 없는 일이었다.

집에 돌아와서 아이를 붙잡고 물어봤다. 선생님한테 매일 혼났느냐고 물었더니 그렇단다. 왜 혼난 건지 이유를 알고 있냐고 물었더니 자기가 책을 빨리 못 찾아서 선생님이 화가 났고, 준비물 안 가져가서 선생님이 화났고, 숙제 안 해 가서 선생님이 화가 났다고 한다. 아이는 선생님이 자기를 지적하고 야단치는 상황을 '선생님이 화가 났다'고 받아들이고 있었다. 아이는 선생님이 자기한테 계속해서 '화를 내는' 상황이 무척 당황스러웠고 그래서 더욱 선생님의 지시에 제대로 따를 수 없었던 걸로 보였다. 대답도 못하고 허둥대느라 실수를 하고, 읽어 보라고 해도 입을 꾹 다물고만 있고, 써 보라고 해도 못 쓰고 그러니까 선생님은 들이가 한글을 몰라서 그러는 거라고 생각했던 것 같다.

이 무렵 들이는 삶에서 여러 가지 변화와 충격을 경험하고 있었다. 엄마와 아빠가 이혼을 했고, 그동안 살던 동네를 떠나 먼 곳으로 이사를 했고, 출퇴근 거리가 멀어진 엄마는 저녁 늦게 집에 왔고, 들이는 하루 종일 외삼촌네 집에서 외숙모와 외사촌들과 함께 지내야 했다. 이 모든 일들이 초등학교 입학과 동시에 일어난 일들이다.

급격한 환경의 변화에다 엄마와 함께 지낼 수 있는 시간까지 갑자기 확 줄어 버린 바람에 아이가 충격을 감당하지 못해서 이런 문제가 일어난 거라는 생각이 들었다. 그래서 나는 서둘러 직장 가까운 곳으로 다시 이사를 하고 학교도 옮겨서 아이와 함께 눈 맞추고 지낼 수 있는 시간을 최대한 확보했다. 아이는 정서적으로 훨씬 안정되고 편안해졌다. 전학하고 나서는 학교생활도 문제없이 잘 했다.

그러나 얼마 가지 않아 학교에서 비슷한 문제들이 다시 나타나기 시작했다. 전학한 지 한 달 반쯤 지났을 때 담임선생님은 들이가 여전히 수업시간에 멍하니 있고 주어진 과제를 제시간 안에 해내지 못한다고 말했다. 그러면서 '혹시 모르니까' 방학 동안 병원에 가서 ADHD 검사를 한번 받아 보면 어떻겠느냐고 조심스럽게 말했다. 나는 한편으로는 어이가 없고 한편으로는 너무 충격을 받아서 선생님한테 아무 말도 못하고 돌아왔다.

아이에 대해 잘 알지도 못하면서, 이제 겨우 한 달 보름 지켜봤을 뿐인데 저런 말을 저렇게 쉽게 하나 싶어서 선생님에게 반감이 들었지만, 어쨌든 말을 들은 이상 아무리 떨쳐 버리려고 해도 불안과 걱정이 머리에서 떠나지 않았다. '아닐 거야, 아닐 거야…' 하면서도 결국 아이를 데리고 병원을 찾아갔다.

아이와 따로 하는 상담에서 나는 그동안 있었던 일들을 의사에게 자세하게 설명했다. 의사는 별로 질문도 하지 않고 그냥 내 얘기를 들으면서 메모를 했다. 그러고 나서 들이를 따로 만나 보고 그 다음에는 아이를 내보내고 나를 들어오라고 했다. 의사는 바로 그 자리에서 'ADHD인 것 같다'고 말했다. 그리고 '오늘부터 먹이라'면서 그 자리에서 약을 처방해 줬고 나는 병원에 찾아간 첫날, 약국에 들러 약을 받아가지고 왔다. 만약 내가 의사의 처방과 지시에 따랐다면 우리 아이는 병원을 처음 찾아간 바로 그날부터 약을 먹었을 것이다.

'ADHD 검사'에 대한 오해

—— 나는 그때까지만 해도 'ADHD 검사'라는 것이 있는 줄 알았다. 초음파검사나 혈액검사를 통해 몸 안에 종양이 있는지 없는지, 당뇨인지 아닌지 알 수 있는 것처럼 이 아이가 ADHD인지 아닌지를 명확하게 판별할 수 있는 검사가 있는 줄 알았다. '이 테스트에서 어떤 결과가 나오면 ADHD라고 볼 수 있다'라고 인정되는 객관적인 검사도구가 있거나, 의사가 진료실에서 아이를 직접 관찰하고 면담을 통해 ADHD다 아니다를 판단할 수 있는 어떤 특별한 행동특성이나 반응 같은 것이 있어서 그걸 기준으로 진단을 내리는 줄 알았다. 아이를 단 한 번 만나 보고 바로 그 자리에서 진단을 내리고 약을 처방해 주는 것은 그만큼 명백하고 객관적인 근거가 있을 때 가능한 일이다. 그래서 나는 당연히 그럴 것으로 생각하고 별다른 의문을 품지 않았다.

그런데 나중에야 알게 된 사실이지만 ADHD인지 아닌지를 판별할 수 있는 검사는 없다. 의사가 어떤 아이를 ADHD라고 진단할 수 있는 근거는 오로지 그 아이의 일상생활을 주의깊게 관찰한 부모와 교사의 의견이다(그리고 그 의견은 최소 6개월 이상 관찰된 것이어야 진단에 유의미한 것으로 인정할 수 있다고 되어 있다). 부모와 교사의 의견이 없는 상태에서 의사 단독으로 아이를 진찰해서 ADHD라고 진단할 수 있는 그 어떤 검사도구도 존재하지 않는다.

부모들이나 교사들이나 모두 "ADHD 검사를 받아 보라", "ADHD 검사를 받아 봤느냐" 하며 'ADHD 검사'라는 말을 당연한 듯이 쓰고 있다. 병원에 가서도 "ADHD 검사 받으러 왔어요." 하면 의사를 만나 보기도 전에 먼저 검사실로 들여보내 무슨 검사를 하고 그러니까 정말로 'ADHD 검사'라는 것이 있는 줄 알 수밖에⋯. 컴퓨터 게임처럼 만들어진 이 검사는 '연속수행 평가'라는 것인데 주의력이나 집중력을 평가하는 검사도구로, 이 결과를 가지고 그 아이가 ADHD다 아니다를 판단할 수 있는 것은 아니다. 다만 이 평가에서 나타난 아이의 주의력이나 지시수행 능력을 의사가 참고할 수는 있다. 예를 들면, 체온계로 체온을 재서 그 측정 결과를 의사가 참고할 수 있는 것과 마찬가지다. 의사는 체온 하나만을 근거로 '감기'라는 진단을 내리지는 않는다. 기침을 얼마나 하는지, 코가 마르는지 환자에게 물어보고 직접 코와 목을 들여다보고 그것들을 종합해서 감기라든지 혹은 다른 질병이라든지 하는 진단을 내린다. 이와 달리, 임신은 소변검사만으로도 임신인지 아닌지를 알 수 있다. 이 경우는 '임신 검사'라는 것이 있다고 말할 수 있다.

일반적으로 부모들은 이 연속수행 평가를 ADHD 검사로 오해하는 경우가 많다. 무슨 조직검사 결과를 놓고 의사가 "암입니다"라고 판정하는 것처럼 의사가 연속수행 평가나 심리검사 결과를 보면서 "검사를 해보니… ADHD로 나왔습니다"라고 판정하는 것으로 받아들인다. 그러나 ADHD는 검사 결과가 아니라 관찰 소견으로 진단을 내릴 수 있는 어떤 것이다. 앞서 예를 든 감기 진단과 임신 진단의 차이를 생각해 보면 알 수 있을 것이다.

미국소아과학회(AAP)가 발간한 ADHD 진료지침서에는 '어떠한 검사실 검사도 ADHD 유무 여부를 밝혀낼 수는 없다'고 명시하고 있다. 또 '진료실에서 의사가 진찰을 하는 동안에 ADHD에 대해서는 별로 신경을 쓰지 않는 것처럼 보이는데, 이것은 ADHD를 밝혀낼 만한 검사가 없기 때문'이라고 쓰고 있다. 'ADHD는 반복되는 상황에서 증상을 보이는데 병원 방문은 일상생활을 벗어난 상황이기 때문에 의사가 아이의 행동에서 ADHD라고 볼 수 있을 만한 행동을 찾아내기를 기대할 수 없다'는 것이다. 즉, 의사는 관찰이나 검사 등 의사가 할 수 있는 진료를 통해서는 아이가 ADHD인지를 판별할 수 없음을 밝히고 있다. 의사가 할 수 있는 것은 아이의 일상생활을 관찰한 보호자의 주관적인 의견을 듣고 그 의견이 ADHD 진단 기준에 도달하는지 아닌지를 알아보는 것이다.

의사들은 미국정신의학협회(APA)가 발간하는 '정신장애의 진단과 통계 편람(DSM, Diagnostic and Statistical Manual of Disorders)'에 명시된 ADHD 진단 기준을 적용한다. 그 진단 기준은 다음과 같다.

증상	전혀	가끔	자주	매우 자주
1. 학교에서나 또는 그 밖의 다른 활동에서 세부적인 일에 집중하지 못하고 부주의에 의한 실수를 한다.	0	1	2	3
2. 작업이나 놀이를 할 때 주의력을 지속하는 데 문제가 있다.	0	1	2	3
3. 본인에게 직접 말을 해도 잘 듣지 않고 있는 것처럼 보인다.	0	1	2	3
4. 지시사항을 따르지 않아서 일을 그르치거나 활동을 끝마치지 못한다.	0	1	2	3
5. 과제나 활동을 체계적으로 조직하는 데 어려움이 있다.	0	1	2	3
6. 공부나 숙제 등 정신적인 노력을 지속해야 하는 일을 회피하려고 한다.	0	1	2	3
7. 어떤 활동에 꼭 필요한 물건들(준비물, 연필, 책)을 잃어버린다.	0	1	2	3
8. 소음이나 다른 자극들에 쉽게 주의를 빼앗긴다.	0	1	2	3
9. 매일 해야 하는 일상적인 일들을 잊어버린다.	0	1	2	3
10. 손이나 발을 가만두지 못하고 자리에 앉아서도 꼼지락거린다.	0	1	2	3
11. 수업이나 예배처럼 가만히 앉아 있어야 하는 상황에서 일어나 자리를 뜬다.	0	1	2	3
12. 적절치 않은 상황에서 돌아다니거나 기어 올라가거나 뛰어다닌다.	0	1	2	3
13. 조용한 활동을 하는 데 어려움이 있다.	0	1	2	3
14. 끊임없이 움직이거나 '마치 모터가 달린 것처럼' 행동한다.	0	1	2	3
15. 지나치게 말을 많이 한다.	0	1	2	3
16. 질문이 끝나기 전에 성급하게 대답한다.	0	1	2	3
17. 자기 차례를 기다리지 못한다.	0	1	2	3
18. 다른 사람들의 대화나 활동에 끼어들어 방해가 된다.	0	1	2	3

ADHD 세부점수, 장애와 수행 : 부모 보고	총점	진단 기준	DSM-V 기준을 충족하는가?
주의력결핍(1~9번); 답이 2 또는 3이면 양성	/9	6/9 + 1 양성 장애 점수	□ 예 □ 아니오
과잉행동(10~18번); 답이 2 또는 3이면 양성	/9	6/9 + 1 양성 장애 점수	□ 예 □ 아니오
혼합형(1~18번); 답이 2 또는 3이면 양성	/18	12/18 +1 양성 장애 점수	□ 예 □ 아니오
ADHD 세부점수, 장애와 수행 : 교사 보고	총점	진단 기준	DSM-V 기준을 충족하는가?
주의력결핍(1~9번); 답이 2 또는 3이면 양성	/9	6/9 + 1 양성 장애 점수	□ 예 □ 아니오
과잉행동(10~18번); 답이 2 또는 3이면 양성	/9	6/9 + 1 양성 장애 점수	□ 예 □ 아니오
혼합형(1~18번); 답이 2 또는 3이면 양성	/18	12/18 +1 양성 장애 점수	□ 예 □ 아니오

증상이 6개월 이상 지속되었는가?	□ 예 □ 아니오
증상이 12세 이전부터 어느 정도라도 나타났는가?	□ 예 □ 아니오

DSM-V(5판)은 ADHD를 '부주의 우세형(전에는 과잉행동이 없는 경우를 ADD라고 지칭했으나 최근에는 ADD까지 ADHD에 포함시켜 '부주의 우세형 ADHD'라고 한다)'과 '과잉행동·충동성 우세형'의 두 가지 유형으로 나누어 각 유형별로 9가지씩 특징적인 행동 목록을 제시하고 있다. 이 질문지는 아이의 부모나 교사가 작성하도록 되어 있다.

이 질문들에 대해 부모가 '전혀 아니다', '가끔 그렇다', '자주 그렇다', '매우 자주 그렇다'로 응답한 점수에 따라 ADHD다 아니다를 말할 수 있는 것이다.

1번부터 9번까지의 질문 중에서 '자주'나 '매우 자주'라는 응답을 한 항목의 개수가 6개 이상이면 '부주의 우세형 ADHD'로 진단할 수 있고, 10번부터 18번까지의 질문 중에서 '자주'나 '매우 자주'라는 응답을 한 항목이 6개 이상이면 '과잉행동·충동성 우세형 ADHD'로 진단할 수 있다. 그리고 전체 18개 중에서 도합 12개 이상이면 '혼합형 ADHD'로 진단할 수 있다(예를 들어, 과잉행동·충동성 항목에서 4개, 부주의 항목에서 9개가 나온 경우에 과잉행동·충동성은 6개에 못 미치더라도 두 분야를 합쳐 12개 이상이기 때문에 '부주의 우세형'이 아니라 '혼합형'이 되는 것이다).

　의사가 하는 역할은 ADHD 외에 다른 어떤 문제가 더 있는지를 살펴보고 혹시 지적장애나 발달장애, 우울증 같은 다른 문제가 있는지를 판단하는 것이다. 그래서 지능검사도 해 보고 심리검사도 해 보는 것이다.

　만약 부모가 응답한 질문지 결과는 'ADHD로 볼 수 없다'고 나왔고 발달장애나 우울증 같은 다른 문제가 있으면 이 아이는 발달장애나 우울증 같은 다른 장애로 진단된다. 그리고 만약 부모가 응답한 질문지 결과는 ADHD라고 나왔고 그 밖의 다른 문제들도 있으면 이 아이는 ADHD이면서 다른 장애도 함께 가지고 있는 것으로 진단된다. 그러면 부모가 응답한 질문지는 ADHD라는 결과가 나왔고 다른 장애나 문제가 전혀 없는 경우는 어떨까? 그냥 ADHD로 진단된다.

　어떤 경우라 해도 ADHD인지 아닌지를 결정하는 것은 부모의 응답인 셈이다. 의사가 살펴볼 수 있는 것은 ADHD 외에 다른 문제가 더 있는지 아닌지뿐이다.

이게 왜 중요한 문제인가 하면, 부모의 주관적인 기준에 따라 그 아이가 ADHD로 진단될 수도 있고 아니라고 진단될 수도 있기 때문이다. 예를 들어 "공부나 숙제 등 정신적인 노력을 지속해야 하는 일을 회피하려고 한다"라는 질문에 대해 어떤 부모는 매우 엄격한 기준을 가지고 '매우 자주 그렇다'라고 대답할 수 있고 어떤 부모는 관대한 기준을 가지고 '가끔 그렇다'라고 대답할 수 있다. 똑같은 아이의 똑같은 행동을 놓고도 이렇게 평가가 다를 수 있다. 그리고 이 응답들을 합산한 결과로 이 아이는 ADHD일 수도, 아닐 수도 있게 되는 것이다.

또 한 가지 문제를 생각해 보자. ADHD로 진단되는 아동의 50~60퍼센트는 적어도 한 가지 이상의 질환을 동반한다고 보고되어 있다. 동반되는 질환은 행동장애(품행장애), 불안 및 우울장애, 학습장애, 언어장애가 대부분을 차지한다고 한다. 이 말만 들으면 마치 ADHD 아동의 50~60퍼센트가 품행장애나 불안 및 우울장애를 '가지고 있다'거나 '가지게 된다'거나 더 나아가서는 심지어 'ADHD를 그냥 놔두면 품행장애나 불안 및 우울장애 등으로 발전될 수도 있다'는 식으로까지 받아들여질 수 있다.

그러나 ADHD 진단 근거나 진단 과정을 알고 나면 이게 얼마나 어이없는 오해인지를 알게 된다. 부모의 의견 외에는 ADHD 진단에 다른 근거가 없다는 사실을 기억하고 잘 생각해 보자. 예를 들어, 불안 및 우울장애가 있다고 진단될 정도로 문제를 겪고 있는 아이에 대해 ADHD 진단 기준 항목인 '지시사항을 따르지 않아서 일을 그르치거나 활동을 끝마치지 못한다', '공부나 숙제 등 정신적인 노력을 지속해야 하는 일을 회피하려고 한다' 같은 질문을 적용하면 부모에게서 어떤 응답이 나올 것 같은가? 우울하거나 불안한 아이가 지시사항을 따르지 못하는 일이 잦은 것은 어쩌면 당연한 일이다. 공부나 숙제를 열심히 하고 싶은 의욕이 안 나는 것도 당연하다. 이 질문들에 응답한 결과를 합산해 보면 당연히 ADHD라고 나올 수밖에 없지 않은가! 또 품행장애로 진단될 정도로 행동에 문제를 겪고 있는 아이에 대해 '수업이나 예배처럼 가만히 앉아 있어야 하는 상황에서 자리를 뜬다', '조용한 활동을 하는 데 어려움이 있다', '자기 차례를 기다리지 못한다.' 같은 질문을 하면 부모에게서 어떤 대답이 나올까? 당연히 ADHD라고 나오지 않겠는가!

　이러니까 품행장애나 불안 및 우울장애로 진단되는 아동은 마치 패키지 상품처럼 ADHD 진단을 덤으로 받을 수밖에 없는 구조가 된다. ADHD는 마치 패키지에 기본으로 끼워 파는 상품이나 마찬가지인 셈이다. 이게 전체 ADHD 진단의 50~60퍼센트를 차지한다는 얘기다. 나머지 절반은 딱히 다른 장애가 발견되지 않아서 그냥 ADHD만 있다고 진단을 받는 경우에 해당된다.

　'ADHD 아동의 50~60퍼센트가 품행장애나 불안 및 우울장애, 학습장애, 언어장애를 가지고 있다'라는 말은 '품행장애나 불안 및 우울장애 등을 가진 아동은 ADHD 진단도 함께 받을 가능성이 높다'라는 말로 고쳐야 옳다. 사실은 무슨무슨 장애까지 갈 것도 없다. '부모나 교사 등 아이의 행동을 평가하고 통제해야 하는 어른이 보기에 못마땅해 보이는 아동 대부분은 ADHD 진단을 받을 가능성이 높다'라고 표현하는 게 가장 올바른 표현일 것이다. 만약 친척이나 이웃 아이 중에 부모나 학교 선생님에게 늘 야단맞고 혼나기만 하는 아이가 있다면 그 아이를 떠올리면서 ADHD 진단 기준 18개 항목을 적용시켜 응답해 보라. 아마도 거의 다 ADHD 기준에 맞을 것이다.

진단의 근거

내가 진료실에서 만난 의사들은 나에게 이 진단 기준 질문들을 명확히 제시하지도 않았다. 그냥 내가 하는 전반적인 이야기를 듣고 나서 의사가 어떤 것은 '매우 자주'에, 어떤 것은 '가끔'에 체크했을 것이다. 이렇게 체크한 응답 결과를 나에게 보여 주고 확인할 수 있도록 했다면 "이건 '자주'라고까지는 할 수 없을 것 같은데요." 하며 수정했을 항목들이 여럿 있었을 수도 있다.

아마 그때 의사가 나에게 이 질문 항목들을 제시하고 내가 직접 응답하도록 했다면 '자주'나 '매우 자주'에 해당하는 항목은 2개 정도 됐을 것 같다. 그랬으면 당연히 우리 아이는 ADHD가 아니라고 진단됐을 것이다.

그러면 왜 의사는 내 이야기를 들으면서 '자주'나 '매우 자주'에 체크했을까? 의사는 나를 면담했지만 사실은 '아이의 학교 선생님 입장에서 보면 어땠을까'에 초점을 맞추고 체크했을 가능성이 있다.

의사는 우리 아이의 담임선생님을 직접 만나서 의견을 물어보지도 않았고 서면으로라도 묻지 않았다. 아이가 학교에서 수업시간에 다른 책을 펴놓고 있다고 하고 한글 읽기와 쓰기에 어려움을 겪는다고 하고 수업에 집중하지 않고 운동장만 내다보고 있다고 하니까 의사가 짐작하기에 '아마도 담임선생님이 보기에 이 아이는 주의력을 지속하기가 어렵고 부주의에 의한 실수가 자주 있다고 판단했을 것이다'라는 식으로 체크했을 것이다.

의사가 아이를 관찰해서 진단할 수 없고, 오로지 부모나 교사의 응답을 근거로 ADHD인지 아닌지를 판단해야 하는 상황에서는 그 '응답'이라는 것 자체가 대단히 중요하고 유일한 근거가 된다. 그런데 그 응답 과정에서 정확하고 원활한 커뮤니케이션이 이루어지지 않는다면 원천 근거 자체가 부정확한 것이 되고 만다. 왜 의사들은 이 '응답 과정'에 함부로 개입하거나 혹은 소홀히 하는 것일까.

원래의 지침에 따르면 의사는 아이의 부모에게 따로 질문지 응답을 받고, 아이의 교사에게서 또 따로 질문지 응답을 받아서 이 두 가지를 근거로 진단해야 한다. 그리고 어느 한쪽에서만 문제가 있는 경우에는 ADHD로 진단하기 어려우며 적어도 둘 이상의 환경에서, 즉 학교와 가정 양쪽 모두에서 6개월 이상 지속적으로 관찰된 결과여야만 ADHD라고 진단할 수 있다고 되어 있다. 아이가 오로지 한 환경에서만 증상을 보인다면 그 환경의 문제일 수도 있기 때문이다.

그러므로 학교 선생님이 아무리 부주의 항목 6개 이상, 과잉행동·충동성 항목 6개 이상에 '매우 자주'라고 응답했더라도 부모가 가정에서 관찰할 때 그만한 결과가 나오지 않았다면 이 아이는 ADHD라고 단정내리기 어렵다.

그럼에도 불구하고 의사들은 이 사실을 전혀 고려하지 않는다. '학교에서는 이러이러하다고 합디다'라는 말을 들으면 그것으로 '매우 자주'가 되어 버리는 것이다. 부모의 관찰 소견은 무시된다.

게다가 이 질문 항목들은 우리나라 학교 현실에는 적합하다고 보기 어렵다. 담임선생님은 자기 학급의 아이들 하나하나를 놓고 이런 질문들에 제대로 응답하기 어렵다. 특히 부주의 항목들은 평소에 그 아이에게 여간 관심을 가지고 면밀하게 관찰하지 않고서야 정확한 평가를 내리기 어려운 질문들이다.

주어진 질문 하나하나에 대해 객관적으로 관찰하고 평가하는 것이 아니라 평소 그 아이에 관해 각인되어 있던 어떤 이미지에 근거해 응답할 가능성이 있다. 예를 들어, 평소에 선생님 지시에 잘 따르지 않고 숙제나 준비물을 자주 빼먹는 아이로 각인된 어떤 아이에 대해 '부주의에 의한 실수가 잦은가?', '주의집중을 유지하기가 어려운가?', '과제를 체계적으로 조직하는 데 어려움을 겪는가?'라는 질문이 주어지면 이 선생님은 각 질문에 대해 객관적인 평가를 하는 대신 평소에 그 아이에 대해 가지고 있던 이미지에 근거해 응답할 가능성이 있다는 것이다.

초등학교 1학년 아이들은 다 어느 정도는 부주의에 의한 실수를 한다. 수업이 재미없고 지루하면 주의집중을 계속 하기가 어려울 수 있다. 대부분의 아이들이 공부나 숙제를 싫어하고, 과제나 활동을 체계적으로 조직하는 데 어려움을 겪는다. 또 엄마가 집에서 챙겨 주지 않는 아이들은 엄마가 잘 챙겨 주는 아이들에 비해 준비물을 깜빡하고 안 가져오는 일이 더 잦을 수 있다. 어디까지가 '가끔'이고 어디서부터가 '자주'인가? 그것은 교사 개인의 주관적인 기준이 어떠한가에 따라 달라질 수 있다.

이렇게 변수가 많고 지극히 주관적인 판단 기준에 의존할 수밖에 없기 때문에 ADHD 진단은 더 신중해야 하고 아이에 대한 더 면밀한 관찰과 깊은 이해가 필요하다. 그런데 ADHD 진단은 면담 15분 만에 내려진다.

교사는 '혹시 ADHD인지 모르니까' 병원에 가 보라고 하고, 병원에 가면 '학교 선생님이 뭐라고 하더냐'고 물어보고, '학교 선생님이 이러더라' 말을 전하면 의사는 그 말을 듣고 ADHD라고 진단한다. 어이없지만 이게 실제로 일어나는 일이다. 이렇게 내려진 진단에 대해 부모는 '뭔가 의학적인 근거가 있나 보다'라고 막연히 믿게 된다.

ADHD,
뇌의 문제인가
___
다시 말하지만, 의사가 ADHD라고 진단을 내리는 근거로 삼을 수 있는 것은 부모나 교사의 의견뿐이다. 그러나 우리가 병원에서 만나는 의사들은 부모들에게 이 사실을 적극적으로 알리지 않는다. 마치 어떤 객관적인 검사나 진찰을 통해 ADHD로 판명된 것처럼 부모들이 믿게 놔둔다. 그래서 심지어 어떤 부모들은 아이의 뇌에 문제가 있는 것이라고 믿기도 한다. 분명한 사실은 의학적으로 ADHD의 원인은 밝혀진 바가 없다는 것이다. 따라서 당연히 치료약도 없다.

어떤 의사들은 이른바 '정상 아동'과 'ADHD 아동'의 뇌영상 촬영 사진을 보여 주면서 ADHD 아동의 뇌 크기가 정상 아동의 뇌보다 작다는 연구결과가 나왔다는 얘기를 하기도 한다. 그러나 이런 연구결과에 대해 반박하는 다른 연구결과들에 대해서는 이야기하지 않는다. 다른 연구자들은 그 연구가 이미 약물치료를 받은 ADHD 아동들만을 대상으로 한 것이라는 사실을 발견했으며, 그러므로 뇌의 차이가 나타난 것은 오히려 약물치료에서 비롯된 것일 가능성이 있다고 주장한다.

우리가 흔히 듣게 되는 얘기 중 하나는 '도파민(도파민은 신경전달물질로 세포가 흥분하거나 억제되는 정도를 조절하는 것으로 알려져 있다) 결핍이 ADHD 증상의 원인'이라는 것이다. 'ADHD 아동이 리탈린(Ritalin)이라는 약물에 반응한다는 것 자체가 도파민 결핍이 원인임을 증명해 준다'는 것이다. 말하자면, '도파민 결핍이 원인인지는 모르겠으나 항정신성 약물을 투여함으로써 그 증상이 사라지는 반응이 나타났으니 거꾸로 그 증상의 원인이 도파민 결핍이었다고 볼 수 있는 증거가 된다'는 주장이다. 이 주장에 대해 "아스피린이 두통을 완화시켰다고 해서 두통이 아스피린 결핍에 의해 생긴 것이라는 결론을 내리지는 않는다"는 반박도 있다.

진료실에서 만난 의사들은 이런 문제에 대해 기꺼이 토론해 주지 않는다. 내가 2년 뒤에 다시 병원을 찾아 이런 질문에 대한 해답을 얻고자 했을 때 의사는 "그런 것은 병원에 와서 물어볼 문제는 아니다"라고 말했다. 어쩌면 그 말이 맞는 말이다. 신경정신과 병원을 찾아간 이상, ADHD가 생물학적이고 의학적인 문제라는 전제 위에서만 대화가 가능하다. ADHD가 병인가 병이 아닌가 하는 문제는 의사의 말대로 병원 밖에서나 할 수 있는 얘기다.

분명한 사실은 ADHD는 병이 아니라는 것이다. 미국정신의학협회(APA) 보고서(1994)는 'ADHD를 병이라고 진단할 수 있는 근거가 될 실험결과가 없다'고 명시하고 있다. 그런데도 신경정신과 의사들은 "ADHD인가요?" 하면서 찾아오는 부모들에게 약물치료를 해야 한다고 당당하게 말하고 있다. 약물치료를 한다는 것은 곧 ADHD가 병이라는 것과 같은 의미다. 이 문제를 지적하면 "그런 것은 병원에 와서 물어볼 얘기는 아닙니다"라는 답변이 돌아온다. 어찌 보면 참 솔직한 답변이다.

ADHD에 대한 인식 조작

초등학생을 키우는 엄마 중에 ADHD라는 용어를 처음 들어 보는 엄마는 아마 거의 없을 것이다. 다들 한 번씩은 들어 봤을 것이고 어떤 아이가 산만하다 싶으면 '혹시 ADHD 아냐?'라는 식으로 알고 있는 경우가 대부분일 것이다. 또 '뇌에 문제가 있어서 이상한 행동을 하는 아이'로 여기는 경우도 많다.

ADHD 진단을 받았거나 약물치료를 하고 있다는 사실이 학교에 알려지면 그 아이는 '비정상'인 아이로 취급되고 그 아이가 하는 모든 행동은 'ADHD라서 그런 것'으로 인식된다. 친구랑 말다툼을 하다가 밀쳐도 ADHD라서 그런 것이고, 싸우다가 욕을 해도 ADHD라서 그런 것이고, 친구를 놀려도 ADHD라서 그런 것이고, 여러 명이 같이 문제를 일으켜도 ADHD 아이가 주요 문제아로 지목된다.

집단이 어떤 한 사람을 '이상한 사람'으로 낙인찍는 꼬리표는 사람을 처참히 파괴시킨다. 이런 행동을 하면 이래서 비정상이라고 하고, 저런 행동을 하면 저래서 비정상이라고 하고, 가만히 있으면 가만히 있는다고 비정상이라고 하고, 차라리 눈에 안 띄게 숨어 있으면 숨어 있으니 비정상이라고 하고, 도저히 못 참아서 성을 내면 성을 낸다고 비정상이라고 하고… 미치고 환장할 노릇이 아닌가. ADHD 꼬리표를 달고 학교생활을 한다는 것은 이런 것이다.

ADHD 진단을 받았다는 사실이 아파트 단지 엄마들에게 알려지면서 엄마들이 그 아이랑 놀지 말라고 단속을 시키는 바람에 아이가 따돌림을 당해서 결국 멀리 다른 곳으로 이사를 갈 수밖에 없었다는 이야기도 들었다. ADHD라는 꼬리표를 한 번 달면 그 아이는 학교에서, 동네에서 무슨 범죄자나 전염병 환자 같은 취급을 당하는 일이 실제로 일어난다.

ADHD 진단을 받았다고 해서 그 아이가 무슨 특별한 행동을 하는 것이 아닌데도 왜 이런 취급을 받는 것일까? 국내 저명한 소아정신과 의사의 ADHD 강연에서 이런 설명을 들은 적이 있다. ADHD가 언론을 통해 알려지기 시작한 초창기에 신경정신과 의사들이 ADHD에 관해 텔레비전 출연이나 인터뷰 요청을 받으면 자료화면으로 내보낼 영상도 함께 요청을 받는데, 진짜 ADHD 아동의 영상을 준비하면 방송 담당자가 다른 자료영상을 요구하곤 한다는 것이다. '이렇게 아무렇지도 않은 동영상을 내보내면 그림이 안 나온다'는 게 이유였다고 한다. 그래서 하는 수 없이 다른 정신질환이 있는 아동의 동영상, 그중에서도 이상한 소리를 지르거나 난폭한 행동을 하거나 통제되지 않는 장면을 방송에 내보내면서 ADHD에 관한 소개를 했다는 것이다. 그래서 일반인들의 머릿속에 'ADHD' 하면 그런 영상이 기억으로 남아서 ADHD에 대한 인식으로 자리 잡게 되었다는 것이다.

이 설명은 내가 어디서 주워들은 것이 아니라 강연회에서 직접 들은 것이다. 그 얘기를 한 의사는 '그런 일도 있었다더라'가 아니라 본인이 직접 그렇게 했노라고 분명히 말했다. 그 의사가 그 사례를 든 맥락은, ADHD 진단을 받은 아동의 부모들이 대부분 "우리 아이는 ADHD일 리가 없어요. 우리 아이는 이상한 행동을 전혀 하지 않는단 말입니다"라고 주장하면서 ADHD 진단을 받아들이지 않기 때문에 실제로 ADHD는 눈에 띄게 어떤 특별한 행동을 보이는 것이 아니라는 점을 부모들에게 납득시키기 위해서였다. 방송에 '그림이 안 나온다'는 이유로 다른 상황의 자극적인 화면을 내보낸 것이 일반인들로 하여금 ADHD에 대한 오해를 갖게 만들었다는 것이다. 그 의사는 이 점을 상세히 설명하면서 '그러니까 얌전하고 아무 문제도 일으키지 않는다고 해서 ADHD가 아닌 것이 아니다. 조용한 아이도 ADHD일 수 있으니 약물치료를 받아야 한다'고 주장했다. 신경정신과 의사가 보다 더 많은 아이들이 ADHD 약물치료를 받게 하기 위해서 간곡히 설명하는 과정에서 드러난 이 비하인드 스토리는 참 어처구니없고 경악할 만한 것이다.

물론 '그림이 안 나온다'는 이유로 자극적인 화면을 요구한 방송 담당자도, 그 요구에 따라 엉뚱한 자료화면을 제공한 의사도 누군가에게 해를 끼칠 목적으로 이런 일을 한 것은 아닐 것이다. 그러나 그들 입장에서는 '별 것 아니었을' 그 사소한 '조작'으로 인해서 수많은 아이들이 받아 온 말로 다할 수 없는 고통은 누가 책임질 것인가!

ADHD 약물치료의 진실

ADHD 치료제라는 것은 없다
—
진단을 내리고 나서
의사는 ADHD는 생물학적인 문제이기 때문에 약물치료가 주치료가
되고 그 외에 '사회성 훈련 프로그램' 등의 행동치료가 보조적으로 진
행될 수 있다고 말했다. 의사는 그 자리에서 바로 약을 처방해 주었다.
'오늘부터' 먹이라면서.

의사는 약의 부작용에 대해 설명했다. 이 약은 모든 생물적 욕구를
가라앉히는 효과가 있기 때문에 식욕이 저하되고, 무기력해지고, 우
울감이 올 수 있으며, 잠을 잘 못 잘 수 있다고 했다. 불면증이 심해지
거나 메스꺼움 증세가 심하면 얘기하라고 했다.

이 약은 '원인을 치료하는 약'이 아니라 '증상을 조절하는 약'이기
때문에 약효가 지속되는 시간 동안만 아이의 행동을 조절해 준다고
했다. 따라서 학교에 가는 날만 약을 먹고 학교에 가지 않는 날은 약을
먹을 필요가 없다고 했다. 잠 안 올 때 수면제 먹으면 잘 수 있는 것과
마찬가지로 학교에 가 있는 동안 학교생활을 잘할 수 있도록 해 주는

약이라는 것이다.

나는 조심스럽게 물었다.

"원인을 치료하는 약이 아니라면… 그러면 꾸준히 약을 먹으면 언젠가는 낫는, 그런 게 아니라는 말씀인가요?"

의사는 ADHD를 치료하는 약은 없다고 했다. 그때 그때 증상을 통제하는 약이 있을 뿐이라고 했다.

나는 또 물었다.

"치료되는 게 아니라면 굳이 약을 먹을 필요가 없지 않나요? 그런 부작용을 감수하면서?"

의사는 짧게 말했다.

"학교 다녀야 되지 않아요?"

"그러니까 학교 다니는 데 문제가 없다면 이 약은 먹을 이유가 없다는 거죠?"

"학교 다니는 데 문제가 있어서 오신 거잖아요."(의사와 했던 실제 대화 그대로다. 의사는 정확히 이렇게 말했다.)

그렇긴 하다…. 학교만 아니라면 아무 문제될 게 없다. 학교 다니는 데 문제가 있어서 병원까지 찾아오게 된 거 맞다. 그런데 사실은 아이한테 어떤 문제가 있는 건지 그게 걱정이 돼서 온 거지 단지 학교 다니는 데 문제가 있어서 그걸 해결하려고 온 게 아니다.

하지만 의사와 길게 얘기할 수는 없어 보였다. "그렇다면 이 약은 언제까지 먹어야 하는 거냐"고 물었다. '설마 몇 달씩이나 약을 먹으라고 하는 건 아니겠지' 생각하면서 물은 거였다. 그런데 의사는 중학교 갈 때까지는 먹어야 할 거라고 했다. 나는 겉으로는 침착하려고 애썼지만 사실은 경악했다. 지금 초등학교 1학년인데 중학교 갈 때까지 약을 계속 먹으라고?

의사의 심기를 불편하게 할까 봐 조심스러워하면서 또 물었다.

"제가 잘 이해가 안 돼서 그러는데요···. 이게 원인을 치료하는 약이 아니라고 하셨는데 그런 약을 장기 복용하는 이유가 뭘까요. 또 원인이 치료되지 않는데 어째서 중학교 이후에는 약을 먹지 않고도 학교생활을 잘할 수 있게 되는 건가요. 자꾸 이런 질문을 해서 죄송합니다."

의사는 설명했다. 아이가 학교에서 생활하기가 너무 힘이 드니까 덜 힘들도록 도와주는 약이라고. 그런데 아이가 커서 중학생쯤 되면 학교생활이 힘들어도 자기 의지로 감당할 힘이 약간은 생기게 되고 또 지금부터 약을 먹으면서 좋은 생활습관을 몸에 배게 하면 그때 가서는 약 대신 몸에 밴 좋은 습관으로 헤쳐나갈 수 있게 된다고. 만약 그때 가서도 그게 안 되는 아이는 계속해서 약을 먹기도 한다고. 그런데 대개는 중학교 갈 때쯤까지 약을 먹는다고.

나는 끝으로 물었다.

"어디가 아픈 것도 아닌데 매일같이 몇 년씩이나 약을 먹게 하려면 아이에게 그걸 납득시켜야 하는데 아이한테는 어떤 식으로 말하면 좋을까요?"

의사는 단호하게 말했다.

"애도 알아야죠. 자기도 문제가 있다는 걸 알아야 고칠 거 아녜요."

이건 또 무슨 소린가. 아이 자신의 노력과 의지로는 해결이 안 되는 의학적 문제이기 때문에 약물치료를 해야 된다고 지금까지 말한 거 아닌가…. 본인의 의지와 노력으로 해결할 수 있는 일이라면 이 약을 먹어야 하는 이유가 뭐란 말인가. 치료제도 아니라면서…. 진통제나 수면제 같은 약이라면서… 그런 약은 그 약에 의지하지 않고서는 도저히 생활할 수 없을 때, 본인의 의지와 노력으로는 전혀 개선이 안 되는 문제일 때만 정당성이 있는 것 아닌가.

게다가 이 약은 감기약이 아니다. 아이가 아무 생각 없이 먹을 수 있는 배탈약이 아니다. 아이도 알아야 잘못을 고친다니…. '너는 다른 아이들과 달리 너 스스로 올바른 행동을 할 수 없기 때문에 이 약을 먹는 거야'라는 메시지는 아이로 하여금 자기 자신에 대해 어떤 생각을 가지게 할 것인가? 그런 메시지를 직접적이고 노골적으로 줘 놓고, 매일 매일 약을 먹을 때마다 이런 메시지를 강화시키면서 아이더러 '그러니까 잘못을 고치라'고? '너는 원래 문제가 있는 아이니까 문제가 없도록 노력하라'고? 이건 너무 심한 모순이다. 이 모순을 아이가 어떻게 해결할 것인가?

그리고 애초부터 치료를 위한 약도 아니고 부작용도 엄청난 약을 몇 년씩이나 먹어야 하는 이유가 고작 '학교 다니기 위해서'라니! 오직 '학교 다니기 위해서' 한참 자라나는 아이에게, 이제 태어난 지 7년밖에 안 된 어린 아이에게 모든 본능적 욕구를 가라앉히는 약을 먹이라니… 그럴 권리가 누구에게 있는 것인가?

물론 모든 약에는 부작용이 있다. 하다못해 두통약 한 알도 깨알같이 적혀 있는 부작용과 주의사항을 다 읽고 나면 선뜻 먹기가 어렵다.

그러나 문제는 '있을 수 있는' 부작용이 아니다. 문제를 바라보는 입장 자체, 문제를 해결하려는 발상 자체가 문제다. '학교를 다녀야 하니까' 약을 먹으라고 한다면, 그렇다면 도대체 이 아이는 무엇을 위해 학교를 다녀야 하는 것일까? 자기 의지와 자기 의욕, 자기 판단, 자기 주권으로 상황을 통제하지 못하고 일시적인 약의 힘을 빌려 학교생활을 '잘' 한다면 그 '잘 한' 학교생활의 경험은 아이 자신의 것이 될 것인가? 약을 통해 인위적으로 통제되어 자라난 아이는 어떤 자기 자신이 될까?

나는 받아 온 약봉투를 열어 보지도 않고 그대로 쓰레기봉투에 넣고는 묶어서 내다 버렸다. 학교 선생님에게는 병원에 갔다 왔단 얘기도, 의사를 만났단 얘기도 하지 않았다.

ADHD 약물치료에 쓰이는 약은 어떤 약인가?

───── ADHD 약물치료에 쓰이는 약은 증상의 원인을 치료하는 약이 아니라 일시적인 각성효과를 내는 각성제다. 각성제가 뭔가 하면, 예전에 '잠 안 오는 약' 먹고 시험공부 했다는 얘기가 있는데, 바로 그 약이 각성제다. 예전에는 전쟁에 나가는 병사들에게 각성제를 지급하기도 했다고 한다. 계속해서 또렷한 정신으로 깨어 있게 하기 위해….

전쟁터에 나간 병사들이 각성제를 먹고 긴장상태를 유지하듯이 아이들이 학교에 가서 군기가 바짝 든 상태로 빠릿빠릿하게 교사의 지휘

와 통제에 따를 수 있게 하기 위해 각성제를 먹이는 것이 의사들이 말하는 'ADHD 약물치료'라는 것이다.

이 각성제는 마취제나 수면제, 진통제처럼 몇 시간 동안만 효과를 내는 약이기 때문에 학교에 가 있는 동안만 약효가 있도록 시간을 맞춰 먹어야 한다. 수술하는 동안만 마취효과가 있도록 수술 전에 마취제를 주사하는 것과 같다. 그런 약을 아이한테 몇 년 동안 매일 먹이는 게 병원에서 말하는 약물치료다.

그러므로 ADHD '약물치료'라는 말은 쓰지 말아야 한다. 약을 먹으면 병이 낫는다는 말처럼 들리기 때문이다. 일정 기간 약을 먹으면 병증이 사라지는 경우에 우리는 '치료'라는 말을 쓴다. 평생 계속 먹어야만 하는 혈압약의 경우 우리는 보통 '혈압약을 먹는다'고 하지 '혈압치료를 한다'고 말하지 않는다. '수면제를 먹는다'고 하지 '불면증 치료를 한다'고 하지 않는다. '두통약을 먹는다'고 하지 '두통을 치료한다'고 하지 않는다. 그런데 유독 ADHD에 대해서는 '약물치료'라는 말을 쓴다. 혈압약, 수면제, 진통제와 똑같이 ADHD 약도 일정 기간 복용한다고 해서 병이 낫는 것이 아니기 때문에 '약을 먹는다'고 해야지 '약물치료를 한다'고 말해서는 안 된다.

진통제를 날마다 먹는다고 해서 통증의 원인이 치료되는 것이 아닌 것과 마찬가지로 각성제를 먹는다고 해서 뭔가가 치료되는 것이 아니다. 그렇다면 약 때문에 치료되는 것이 아니라 그 약을 계속해서 먹는 동안 시간이 지나면서 아이가 성장해 저절로 상태가 나아지는 것일 수도 있다.

아이가 크면서 저절로 나아진다면 그토록 많은 위험과 부작용을 감수하고 굳이 약을 먹일 이유가 대체 무엇인가? 약물치료를 권장하는 의사들은 이 질문에 대해 이렇게 답한다(내가 직접 들은 대답이기도 하다). 약을 안 먹여서 아이가 크는 동안 날마다 야단맞고 혼나다 보면 아이 자신이 힘들고 공부도 제대로 할 수 없고 그러다가 비뚤어질 수도 있으니까 약의 힘을 빌려서라도 아이를 도와주려는 거라고….

그렇다면 '이게 다 아이 잘 되라고 때리는' 사랑의 매라는 말인가. 아이가 공부 잘하고 바람직한 행동을 하게 만들기 위해서라면 뇌 손상과 약물중독의 위험이 있고 성장을 저해하는 약인 줄 알면서도 먹여야 한다는 말인가!

아파트에서 키우는 강아지가 시끄럽게 짖어 이웃에 피해를 주면 성대수술을 해서 짖지 못하게 하기도 한다. 개의 행복한 삶이 목적이 아니라 오로지 조용하고 말 잘 듣는 개를 키우는 게 목적이라면 그럴 수도 있다. 그렇게 개를 키우는 사람이라면 성대수술이 개를 위해서도 좋은 일이라고 믿고 수술을 시킬 수도 있다. 짖는다고 더 이상 주인에게 혼나지 않을 것이고, 착한 개라고 칭찬받을 테니까. 우리가 키우는 것이 사람이 아니고 애완동물이라면 그게 해결책일 수도 있겠다.

코카인, 모르핀과
같은 등급으로 분류되는 약

—— ADHD에 처방되는 약들은 중독 위험이 높은 마약으로 분류된 약들이다. 그런데 이 약을

처방하는 의사들은 이 약이 안전하다고 말한다. 정말 안전한가?

ADHD에 처방되는 약들은 미국 마약수사국(Drug Enforcement Administration)이 '스케줄 II'로 분류한 약들이다. 스케줄 II 약물에 대한 설명은 다음과 같다.

> "남용 가능성이 높으나 의학적 사용이 허가된 약물. 일부 아편제제, 암페타민(ADHD 치료제의 성분), 합성 마약류, 코카인 등이 여기에 속한다. 응급의학에서 사용하는 약물로는 모르핀과 메페리딘이 있다."_『ADHD는 병이 아니다』, 데이비드 B. 스테인, 전나무숲, 2012.

마약수사국이 분류한 마약 등급은 I부터 V까지 다섯 등급이 있는데, ADHD 약물치료에 쓰이는 약은 그중에서 II등급이다. II등급이 어느 정도인지 실감이 안 된다면 다른 등급들과 비교해 보면 느낌이 확 올 것이다. 이보다 한 단계 더 위험한 등급인 '스케줄 I'에는 마리화나, 헤로인, LSD(환각제) 등이 속해 있다. 이런 것들은 의학적으로도 사용이 승인되지 않는 약들이다. 바로 그다음이 ADHD 약물이 포함된 '스케줄 II'다. 그러니까 헤로인, 마리화나, LSD의 바로 다음 등급인 코카인, 아편과 같은 등급의 약물을 ADHD 아이들에게 장기 복용시키는 것이다.

처방한 용량을 정확히 지키기만 한다면 중독 위험이 없다고 의사들은 얘기한다. 그렇다면 적정 용량이기만 하다면 코카인이나 아편도 아이들에게 몇 년 동안 복용시켜도 괜찮다는 말인가? '남용 가능성이 높다'는 말은 중독성이 높다는 뜻이다. 남용 가능성이 높다고 분류된 약을 몇 년 동안 먹는데 약물중독 위험이 없다는 게 납득이 되는가?

미국소아과학회가 발간한 『ADHD에 대한 가장 완전한 지침서』에서는 ADHD 약을 처방받은 아이들이 그 약을 먹지 않고 모아 두었다가 암거래 시장에 내놓아 마약 공급 역할을 하고 있는 문제에 대해 주의할 것을 당부하고 있다. 아이가 ADHD 약을 먹지 않고 몰래 모으고 있지는 않는지 부모와 의사가 철저히 감시하고 관리해야 한다고 쓰고 있다. 미국에서는 실제로 이런 일이 벌어지고 있다는 얘기다. 암거래로 이 약을 구입해서 마약으로 복용하는 수요가 실제로 있다는 얘긴데, 그렇다면 이 약을 먹으면 마약 복용의 효과가 나타난다는 얘기인 거다. 이래도 이 약이 안전한가? ADHD 아이가 이 약을 누군가에게 돈 받고 팔면 마약 거래를 하는 것이고, 아이 자신이 먹으면 약물치료라는 것이다. 이게 말이 되는가?

2016년 우리나라 보건복지부 국정감사에서는 병원에 비치하는 홍보용 팸플릿에 ADHD 약 제품명 '콘서타'를 명시해 배포한 제약회사에 대해 '마약관리법 위반' 혐의로 검찰수사를 촉구하기도 했다. 이 제약회사는 2009년에도 유사한 일로 식약처로부터 행정처분을 받은 바 있다(2016년 9월 27일자 〈의학신문〉, 〈약업신문〉, 〈메디컬 투데이〉 등). ADHD 약을 소비자에게 직접 홍보하면 마약관리법 위반이 되는 것이다.

2010년에는 국내 유명 연예인이 ADHD 치료제인 아데랄(암페타민 제제) 82정을 밀반입했다가 적발되어 마약밀수 혐의로 수사를 받았는데, '치료 목적'이라는 이유로 입건유예 처분이 내려져서 대형기획사 소속 연예인에 대한 봐주기 수사라는 논란이 일기도 했다. 같은 해 암페타민 29정을 밀반입하려다 적발된 대기업 직원은 마약관리법 위반으로 구속기소되었다(2014년 7월 2일자 세계일보).

'치료 목적'이 아닌 다른 불법 목적으로 쓰일 수 있는 약물이면서 마약관리법의 대상이 되는 약물을 우리는 보통 뭐라고 부르나? 이런 약을 '치료 목적'으로라면 아이들에게 먹여도 괜찮다는 말인가? 게다가 이 약은 몇 주나 몇 달 동안만 먹는 게 아니라 몇 년 동안 매일 먹어야 한다. ADHD 진단을 받은 아이들은 이런 약을 이렇게 오래 먹어도 중독이 안 된다는 건가, 아니면 중독이 돼도 어쩔 수 없다는 건가?

만약 술이나 담배가 어떤 효과가 있다면 아이들에게 하루에 술 한 잔씩 마시게 하고, 담배 한 개비씩 피우게 하면 어떨까? 정확히 용량을 지키게 하면서 말이다. 그 정도 양으로 몸에 명백히 해를 끼쳤다는 보고도 없고, 그 정도 양으로 인해서 중독되었다는 연구결과가 나온 적도 없다면 말이다. 용량을 지키기만 하면 술도, 담배도, 마약도 다 괜찮은가?

의사들은 공공연하게 "ADHD가 아닌 아이들이 ADHD 약을 먹으면 위험합니다"라고 말하곤 한다. 식약처 캠페인에서도 같은 말을 한다. 이 말은 마치 ADHD로 진단받은 아이들의 몸에는 이 약물이 위험하지 않다는 말처럼 들린다. ADHD 진단을 받은 아이의 신체에는 일반적인 다른 아이들과는 다른 작용기전이 있어서 ADHD 약물이 위험하지 않게 작용한다는 뜻으로 이해될 법한 말이다.

그런데 가만히 생각해 보자. ADHD 진단을 받는 과정에서 아이의 신체에 대한 검사를 뭐 하나라도 했던가? 약물이 인체에 들어가서 사람에 따라 각기 다른 메커니즘으로 작용한다면, 그리고 그 메커니즘의 차이로 인해 약물이 신체에 위험을 끼칠 수도 아닐 수도 있는 거라면 신체적인 검사를 반드시 해야 할 게 아닌가? 약을 먹는다는 건 우리 몸에 약이라는 물질이 들어가서 화학작용을 일으키는 일이다. 그런데 그 약이 어떤 사람의 몸의 조건에서는 위험한 작용을 일으키고 또 다른 몸의 조건에서는 위험하지 않은 작용을 일으킨다면 그 몸의 물질적인 조건을 분명하게 구분하는 절차가 반드시 필요하지 않을까?

ADHD 진단을 받기까지 아이가 받는 검사는 심리검사, 지능검사, 주의력 검사 등등 전부 언어나 행동으로 응답하는 검사뿐이지 신체에 대한 검사는 하나도 없다. 이러한 정신적 검사와 보호자의 진술 등을 참고해서 의사의 소견으로 진단하는 것이 ADHD 진단이다. 그러면 의사는 '응답과 진술을 근거로 한 소견'으로 대상 신체의 물질적 메커니즘의 차이를 판별해 내야 한다는 얘기가 된다.

만약 보호자가 엉뚱한 진술을 하거나 환아가 정신적 검사에 엉뚱한 응답을 한 경우라면 의사는 그것을 바탕으로 잘못된 진단을 할 수도 있다. 그렇게 되면, 의사의 판단으로는 위험하지 않아야 할 약물이 환자의 신체에 위험을 가하게 된다는 얘기다. 논리적으로 그렇지 않은가. 이 몸에 들어가면 위험하고 저 몸에 들어가면 위험하지 않은 어떤 약물을 오로지 말로만 판별해서 처방한다는 게 말이 되는가.

"ADHD가 아닌 아이들이 ADHD 약을 먹으면 위험합니다"라는 말을 오해 없이 듣게 하려면 다음과 같이 말해야 하지 않을까. "ADHD 약은 모든 아이들에게 위험합니다. 다만 ADHD로 인한 피해나 고통이 ADHD 약으로 인한 위험보다 더 크기 때문에 ADHD 아동들은 위험을 감수하고 약을 복용하는 겁니다. ADHD가 아닌 아이들이 이유 없이 이런 위험한 약을 복용해서는 안 됩니다."

심각한 부작용이 있음에도 약을 끊기 어려운 이유

—   ADHD 약물치료를 옹호하는 입장이나 반대하는 입장이나 모두 공통적으로 말하고 있는 부작용은 불면증, 식욕감퇴, 어지러움, 메스꺼움, 두통, 초조함, 우울감, 잦은 울음, 경련, 틱 등이다. 약물치료를 옹호하는 입장의 한 의사는 ADHD 약물치료로 인한 부작용인 초조함과 잦은 울음에 대해 이렇게 말하고 있다.

> "약물치료를 시작하면 아이들은 불안초조해지고 우울해지고 자주 울고 위축될 수 있다. 어떤 아이는 이유 없이 분노를 드러내기도 한다. (……) 대략 10퍼센트의 아이들이 이런 증세를 보이는 것으로 나타나는데, 이런 부작용은 일시적 현상으로, 약효의 수준이 떨어지는 4시간 후가 지나면 사라진다."
> _ 『ADHD의 이해』, 크리스토퍼 그린 킷취, 민지사, 1999.

그는 또 더 흔한 부작용인 식욕감퇴에 대해서는 이렇게 말한다.

"약으로 인해서 식욕감퇴 효과가 나타나기 전에 음식이 위에 도달하게 해야 한다. 약을 먹을 필요가 없는 저녁식사를 통해 하루 동안 섭취해야 할 영양분을 보충하는 것도 방법이다. 음식물 섭취보다 학업이 급선무인 학교에 있는 시간에는 입맛을 돋우는 음식, 즉 향신료가 첨가된 우유나 요구르트를 줄 수도 있다. 방과 후에 푸짐한 간식을 주고 잠자리에 들기 전에 저녁을 주는 것도 좋다. 높은 열량을 내는 보조 약품을 약국에서 구입해도 된다."

약효가 다 떨어진 저녁에나 밥을 먹을 수 있을 정도라는 얘기다(특히 '음식물 섭취보다 학업이 급선무인 학교'라는 표현이 이 글을 쓴 의사가 어린 아이들, 나아가 인간의 건강한 삶에 대해 어떤 시각을 가지고 있는지를 그대로 보여 주고 있는 것만 같다). 의사의 이 상세한 조언은 ADHD 약물로 인한 식욕감퇴가 얼마나 심각할 수 있는지를 적나라하게 말해 주고 있다. 어떤 책에서는 리탈린이 식욕감퇴 효과가 매우 강력하기 때문에 성인이 오직 살을 빼기 위한 목적으로 리탈린 처방을 요구하는 경우에 대해서도 언급하고 있다.

한참 즐겁게 뛰어놀고 한참 원기왕성하게 자라나야 할 아홉 살, 열 살짜리 아이들이 밥을 못 먹는 지경까지 되면서 이 약을 먹어야 하는 걸까? 이게 무슨 항암치료라도 되는 건가?

이밖에도 피부 발진, 심계항진, 혀와 안면근육의 운동장애, 혈압, 심장부정맥, 협심증, 복통 같은 부작용도 있을 수 있다고 경고하는 의사들도 있다. 또 리탈린이 성장호르몬 분비를 방해해 발육을 억제한다는 의견도 있고, 면역체계에 문제가 발생할 수 있다는 지적도 있다.

'일단 약물치료를 시작해 보고 부작용이 너무 심하면 그때 중단하면 되겠지'라고 생각할 수도 있다. 사실 처음부터 '앞으로 5~6년 동안 계속 약을 먹이겠다'고 각오를 단단히 하고 약물치료를 시작하는 부모는 없을 것이다. '일단 의사 말대로 약물치료를 시작해 보고 여의치 않으면 중단하면 되겠지' 생각하며 약물치료에 동의하는 경우가 많을 것이다.

그런데 한번 발을 들여놓으면 쉽게 빠져나갈 수 없게 발목을 잡는 것이 있다. '반발 효과'라는 것이다. 약물치료를 시작하면 처음에는 반짝 좋은 효과(교사와 부모들이 원하는 대로 빠릿빠릿하게 지시에 따르는 것을 '좋은 효과'라고 했을 때 말이다)를 내다가 점점 별 효과가 없어지게 된다. 그러다가 약물을 중단하거나 복용량을 줄이면 애초에 약물 사용을 하기 이전의 상태보다 훨씬 악화된 증세(앞에서 말한 '좋은 효과'와 반대되는 행동을 '악화된 증세'라고 보는 시각에서 볼 때 말이다)를 보이게 되는 것이다.

그러니까 애초에 약물치료를 시작하지 않았을 때는 그럭저럭 선택의 여지가 있었던 상태였을지 몰라도 일단 약물치료를 한 번 시작하고 나면 다시 약물 없이 생활했던 때로 돌아가기는 어렵다는 뜻이다. 그러면 맨 처음 약물치료를 시작했을 때 경험했던 것과 같은 효과도 더 이상 없는 상태에서 약물을 끊을 수도 없게 돼 버리는 것이다. 약물치료를 시작하기 이전의 그 상태라도 유지하기 위해서는 약물을 계속 복용해야만 하는 거다. 이건 마약중독의 공식 그대로가 아닌가.

이 반발 효과는 약물치료를 하는 아동의 30퍼센트에 해당한다고 하니, 일단 한 번 약을 먹기 시작하면 끊지 못하고 효과가 있든 없든, 원하든 원치 않든 계속 약을 먹을 수밖에 없게 될 확률이 3분의 1이라는 얘기다.

그런데도 약물치료를 시작하기 전에 의사들은 이 사실을 알려 주지 않는다. 아마도 나중에 약물치료를 중단하겠다고 하면 그때 말해 주지 않을까 싶다. 우리 아이에게 약을 처방해 준 의사도 부작용에 대한 설명은 했지만, 이 반발 효과에 대한 언급은 하지 않았다. "이 약 먹다가 중간에 끊으면 원래보다 더 나쁘게 될 확률이 3분의 1이나 됩니다. 그러니까 약물치료를 시작하기로 결정하기 전에 신중히 생각하셔야 됩니다"라는 말을 해 주지 않는다. 이런 걸 알고도 약물치료를 쉽사리 시작하는 부모가 있을까?

누구를 위한 약물치료인가

——   코카인과 같은 등급의 마약 성분 약을, 감당하기 어려운 부작용을 감수하면서, 중독의 위험을 무릅쓰면서, 한번 시작하면 끊지도 못하고 계속 먹어야만 한다면 그만한 이유가 있어야 한다. 이 정도 위험과 부담을 무릅쓰고서라도 하지 않으면 안 될 절체절명의 이유가 있어야만 한다. 그 절체절명의 이유가 무엇인가?

내가 만난 의사는 "학교 다녀야 되지 않아요?"라고 했다. 그 의사는 정말 솔직한 의사다. 의사가 솔직하게 말한 대로 '학교를 다녀야 하니까' 약을 먹이는 거다. 교사와 부모가 그걸 원하니까 의사는 그 필요에 맞춰 약을 처방해 주는 것이다.

어떤 의사는 ADHD 약물치료를 '안경'에 비유했다. 이미 나빠진 시력을 좋게 만들 수는 없지만 도수가 맞는 안경을 씀으로써 시력이 좋아진 것과 같은 효과를 볼 수 있는 것이라고 했다. 또 그렇게 함으로써 생활의 불편함을 줄이고 정상적인 생활을 할 수 있도록 도와주는 거라고 했다. ADHD 아이가 약물 없이 학교에 다니는 것은 시력이 매우 나쁜 사람이 안경 없이 길을 걸어가는 것처럼 불편하고 힘들고 때로는 위험할 수도 있다는 것이다.

언뜻 듣기에는 그럴듯한 비유다. 효용만 따지면 그렇다. 그러나 세상에 이렇게 위험한 안경이 있나. ADHD 약물치료를 고작 안경을 쓰는 것 정도로 간단하고 아무렇지도 않은 문제로 만들어 버리려는 건가? 뇌를 자극하는 '중추신경 자극제'를 지속적으로 투여하는 일이 렌즈를 눈에 걸치는 것과 비교될 수 있는 일인가? 이렇게 마치 아무것도 아닌 일인 것처럼 말하는 것은 매우 위험하고 그 의도가 불순하다.

어쨌든 이렇게 '시력이 나쁘면 안경을 쓴다'는 식으로 '효과'의 측면에서 보는 것은 의사들의 입장이다. 암에 걸리면 항암치료나 수술을 해서 문제를 해결한다. 항암제가 몸에 여러 가지 다른 해를 끼치는 부작용이 있지만 그걸 감수하고 항암치료를 한다. 왜냐하면 그걸 하지 않으면 죽으니까! 사람이 살고 죽는 문제니까!

'사람을 살리기 위해서'라는 목적이 있을 때 의사는 그 목적을 달성하기 위한 가장 효과적인 방법을 연구하고 시도한다. 이게 의사의 입장이다. '학교생활을 원활히 하지 못하는 것'이 심각한 비정상이고, 이것을 정상적인 것으로 되돌려 놓아야 한다는 명백한 목적이 있을 때 의사는 그 목적에 맞는 가장 효과적인 방법을 쓴다. 이 논리 위에서 의사의 입장은 정당하다.

아이가 학교생활을 잘하지 못하는 문제가 사람이 죽고 사는 문제처럼, 어떤 대가를 치르더라도 반드시 해결해야만 하는 절체절명의 문제라는 데 이미 사회적 합의가 이루어졌다는 전제하에 ADHD 약물치료는 정당한 것으로 간주될 수 있다. 이런 전제하에서라면 의사는 당연히 부모가 여러 위험과 부작용을 감수하고 약물치료에 동의할 것이라고 보고 별다른 절차 없이 약을 처방할 수 있다. 지금의 ADHD 약물치료 권장과 처방은 거의 이런 전제 위에서 이루어지고 있다.

약물치료가 유일한 해결책이라고 말하는 의사들의 입장은 이렇듯 이미 동의가 이루어진 목적에 부합하는 '효과' 측면에서의 입장이다.

그렇다면 그 전단계로 올라가 보자. 그 '명백한 목적'이라는 것이 과연 타당한 것인지 그걸 살펴보자. 약물이 됐든 뭐가 됐든 간에 어쨌든 'ADHD가 치료되어야 한다'는 입장은 정당한 것인가? ADHD, 아니 이 에너지 넘치고 창의적이고 독특한 아이들이 문제가 된다고 보고, 그 문제가 반드시 해결되어야 한다는 입장을 가진 쪽은 누구일까? 당연히 학교다. 기존의 학교교육으로 통제되지 않는 대상을 포함시킨 채로는 그동안 자기들이 해오던 대로 계속 해나갈 수가 없기 때문이다.

학교는 기존의 시스템과 매뉴얼을 적용시킬 수 없는 영역을 '비정상'으로 분류한다. 모든 경직되고 권위적인 조직은 기존의 방식이 통하지 않는 영역이 있을 때, 자기들의 시스템을 변화시키거나 확장함으로써 해결하려고 하는 대신 그 영역을 배제시키는 쪽으로 해결하려고 한다.

그런데 초등학교와 중학교는 의무교육이다. 국민 모두를 받아들이고 소화해 낼 수 있는 교육 시스템이어야 한다. 이런 공교육이 어떤 교육방식이나 교육영역에 대한 새로운 시스템을 개발하지 않고 계속 배제하는 쪽으로 가면서 그걸 정당화하려면 그 영역을 '비정상'으로 분류하는 수밖에는 없다. 시스템에 맞지 않는 아이들을 교육 대상이 아니라 치료 대상으로 만들어 자기들이 하고 있는 차별과 배제를 정당화하는 것이다.

기존의 시스템 속에 있는 교사들은 자기 개인의 노력으로 이 문제에 대처할 방법이 없다. 그들 역시 이 거대한 지침에 따라 기존의 학교교육에 맞지 않는 아이들을 배제하고 소외시키는 수밖에 없다. '학교는 정상이고 당신의 아이가 비정상이니까 아이를 정상으로 고치라'고 부모에게 요구하게 된다.

실제로 부모들은 대개 학교 교사로부터 'ADHD가 의심된다'는 말을 듣고 처음으로 병원을 찾는다. 애초에 아이가 ADHD로 분류되는 것도, 그것이 '치료'되어야 하는 것도 모두 학교의 필요에 의한 것이다. 이렇게 'ADHD 치료를 해야 한다'는 학교의 입장과 '치료를 하려면 약물치료를 해야 한다'는 병원의 입장은 명백하고 서로 상충될 것이 없다. 수요와 공급, 서로 맞아떨어지는 관계다.

그러면 부모의 입장은 어떤가. 학교에서 차분하고 빠릿빠릿하게 행동할 필요가 있고 그래서 약을 먹어서 그 문제가 해결되면 그걸로 된건가? 부모의 입장은 그렇지가 않다. 학교 교사는 아이가 학교에 와서 통제에 잘 따르고 아무 말썽을 일으키지 않으면 그걸로 문제가 해결될 것일 수 있지만 부모 입장에서는 그게 다가 아니다. 선생님 보기에 아무 문제 없이 학급이 잘 돌아가고 있으면 그게 곧 우리 아이도 잘 지내고 있다는 건가? 그렇지가 않다.

아이가 각성제 약효로 인해 긴장 상태를 유지하는 것은 선생님을 편안하게 해 줄 수 있다. 그러나 그게 곧 아이도 편안해졌다는 뜻은 아니다. 오히려 아이는 ADHD라는 꼬리표를 달고 편견과 차별, 부당한 대우를 받게 되고 더 힘들어질 수 있다. 또 약의 부작용으로 인해 아이 자신은 훨씬 더 힘들고 피폐한 하루하루를 보내고 있을 수 있다.

학교 선생님 입장에서 볼 때는 약물치료가 효과가 있다. 예를 들면, 말귀 못 알아듣고 굼뜬 아이 한 명 때문에, 또는 툭툭 말을 내뱉고 함부로 일을 저지르는 아이 한 명 때문에 수업활동에 지장이 있었는데 그 아이가 약을 먹고 학교에 온 후부터는 한 번에 딱딱 아이들을 통제할 수 있다… 그러면 선생님 입장에서는 약물치료가 대단히 효과적인 것이다. 학부모 면담에서 교사는 이렇게 말할 것이다. "약물치료가 효과가 있네요."

그러나 약기운에 의해 강제로 긴장되고 의욕이 저하된 채로 살아가는 아이의 하루하루는 편안하고 아무 문제 없을까? 아이의 건강과 안전(중독 위험으로부터의)을 내어 주고 얻게 될 유익은 과연 그만한 가치가 있는 것인가? 이토록 위험한 약물치료는 결국 누구를 위한 약물치료인가?

ADHD 앞에 무너지는 부모들

내가 잘못 키워서
이렇게 됐나

—— 2학기가 되고 학교 선생님에게서는 더 이상 아무 얘기가 없었다. 만약 들이가 누군가에게 피해를 줬다면 분명 연락이 왔을 텐데 아무 연락이 없는 걸 보면 적어도 주변에 폐를 끼치는 문제는 없는 모양이었다. 힘든 건 들이 자신이었다.

학교와 공부방 선생님들의 의견을 종합해 보면, 들이가 힘들어하는 건 크게 세 가지였다. 첫째는 '글씨 쓰기와 문제 풀기', 둘째는 '또래 아이들과 어울리기', 셋째는 '일거수일투족 평가받고 통제받는 시스템'이었다. 학교라는 게 이 세 가지 외에 뭐가 있나. 결국 학교생활 자체가 힘들다는 얘기다.

공부방에서 풀게 하는 문제집은 몇 달이 지나도 새 책이나 다름없었다. 학교에서 공부하는 교과서도 마찬가지였다. 학교 선생님도, 공부방 선생님도, 엄마도, 어떤 강력한 훈육이나 체벌도 들이에게 '주어진 과제'를 하게 할 수 없었다.

나는 '내가 뭘 잘못해서 이렇게 됐을까' 날마다 그 생각만 했다. '들이는 왜 일반적이지 않을까. 왜 대다수의 아이들 같지 않을까. 그동안 내가 아이를 독특하게 키웠나. 남들처럼 키운다는 건 어떤 거였을까?'

'이제는 이렇게 해야지'라고 단단히 마음을 먹어서 그런 게 아니라, 자꾸만 아이가 문제 있다는 소리를 듣고 '내가 잘못 키웠나' 하는 생각을 계속 하다 보니 나도 모르게 그전까지와는 다른 태도로 아이를 대하게 되었다. '내가 지금까지 잘못 해 왔나 보다'라는 생각이 드니까 아이한테 갑자기 "다른 애들은 다 이렇게 해. 그러니까 무조건 너도 이렇게 해"라는 식으로 몰아세우게 됐다. 일기 쓰기를 시키면서도 회초리를 들고 '몇 시 몇 분까지 다 못 쓰면 혼날 줄 알아!' 하는 식으로 아이를 압박했다.

내가 그런 식으로 해 보니까 '아, 학교에서 혼날 때 이랬다는 거구나' 하고 알게 됐다. 협박을 하고 다그치면 들이는 반쯤 얼이 빠진 것처럼 보였다. 분명 눈을 마주치고 내 말을 듣고는 있는데 내 말이 아이한테 전혀 전달되지 않고 있는 게 느껴졌다. 반항은 분명히 아니다. 아이가 작정하고 고집을 부리는 건 분명히 아닌데 어떻게 해도 내 지시대로 따르게 할 수가 없다.

이 얘기만 들으면, 실제로 보지 않은 사람들은 "아이가 고집이 여간 센 게 아니네요", "엄마가 아이를 휘어잡지 못하는 것 같네요", "학습능력이 떨어지는 게 아닐까요?" 할지도 모른다. 그러나 직접 야단쳐 본 선생님들이 전부 다 똑같이 말하듯이 고집이나 반항은 분명히 아니다. 학습능력이 떨어지는 것도 분명히 아니다.

강한 통제와 압박은 전혀 효과가 없었다. 오히려 더 나빠졌다. 아이 입장에서는 엄마 대신 무서운 선생님 한 명이 더 생긴 셈이 됐다. 이제는 야단치고 압박하는 분위기가 아니어도 일단 책상 앞에 앉히는 것만으로도 벌써 아이한테서 뭔가가 쑥 빠져나가는 걸 느낄 수 있었다.

저도 마음이 힘들어서 저러는 건데 기다려 줘야 하지 않을까 싶다가도 한 번 정해 놓은 상벌 기준을 엄격히 지키지 않으면 다 물거품이 되고 결국 쓸데없이 애만 잡은 꼴이 된다는 걸 알기 때문에 모질게 대했다. '이런 행동을 하면 반드시 이런 결과가 돌아온다는 걸 확실히 알면 다른 행동을 하겠지.' 그러나 이 이상 더 했다가는 훈육이 아니라 그저 강자가 약자에게 가하는 폭력밖에는 안 되겠다는 판단이 섰다.

게다가 엄마가 무서운 선생님이 돼서 압박하기 시작하면서부터 아이는 더 위축되고 실수가 잦아졌다. 뭔가가 쑥 빠져나간 상태에서 허둥대기만 하는 아이 눈을 보고 있으면 '아, 이건 아니지. 이건 정말 아닌 것 같아'라는 생각이 들었다. 어떤 괴물이 아이를 인질로 잡고 나에게 수수께끼를 내는데 내가 계속 틀린 답을 말하고 있어서 아이를 구해 내지 못하고 있는 것만 같았다.

부모의 딜레마

ADHD라는 진단을 받거나, 학교 선생님으로부터 '혹시 ADHD 아닌지 검사 한번 받아 보라'는 말을 듣거나, 혹은 ADHD라는 직접적인 언급이 없었더라도 아이한테 문제가 있다는 소리를 듣게 되면 부모는 극심한 혼란에 빠진다. 부모는 우선 '내가 뭘 잘못해서 아이가 이렇게 됐나'라는 생각부터 하게 된다. ADHD든 아니든 그걸 떠나서 어쨌든 '다른 애들은 다 괜찮은데 내 아이만 문제가 있다'고 하는 그것부터가 부모에게는 충격이다.

'학교에서 이런 문제가 있다더라'는 얘기를 주변 사람들에게 하면 가까운 사람들은 이런 저런 충고를 한다. 어려서부터 생활습관을 잘 들이지 못해서 그렇다고 하고, 너무 관대하게 키운 탓이라고 하고, 매를 아껴서 그런 거라고 한다. 자꾸만 선생님이 뭐라 하고 가족친지들이 뭐라 하고 주위에서 이게 잘못이네 저게 잘못이네 하는 소리를 듣다 보면 정작 관심을 집중해야 할 아이는 뒷전이 되고, 남들한테 좋은 얘기든 나쁜 얘기든 이러쿵저러쿵 말을 듣는 것 자체가 스트레스가 된다. 그래서 누가 뭐라 하는 소리를 듣기만 하면 집에 와서 아이를 잡는 게 일상사가 돼 버렸다. "내가 애를 그냥 내버려 둬서 이렇게 된 게 아니야!"라고 그들에게 소리치고 싶었던 걸 애한테 푸는 식이었다. 나중에 생각해 보니 어이가 없는 일이었다. 아이가 중요하지 남들이 어떻게 생각하든 그게 무슨 문제라고…. 하지만 막상 그 상황에 닥쳐 보면 그렇게 된다. '내가 잘못 키워서 아이가 잘못됐다'는 걸 스스로 인정한다는 건 아이 엄마 입장에서는 결코 쉬운 일이 아니다. 나를 지탱하고 있던 뭔가가 붕괴되는 것처럼 느껴진다. 그러나 내가 잘못한 게 아니라고 하면 아이에게 문제가 있다는 게 된다. 이게 부모의 딜레마다.

그래도 어쨌든 아이에게 문제가 있는 게 아니라는 걸 확인하고 싶은 쪽으로 기울게 되기 때문에 일단은 '내가 잘못 키웠나 보다' 하고 양육태도를 바꿔 보려는 노력을 하게 된다. 학교에서 자꾸만 말하는 아이의 문제라는 게 주로 원활한 통제가 되지 않는다는 거니까 당연히 부모는 그걸 고쳐 보려고 한다. ADHD라는 소리를 듣는 모든 아이들의 부모가 느슨하게 아이를 키우다가 갑자기 빡빡하게 통제한다는 뜻이 아니다. 관대했던 부모나 엄격하게 통제해 왔던 부모나 상관없이 모두 '바로 눈앞에서 아이를 꺾으려는' 방식으로 하게 된다. 애견훈련센터에서 복종훈련 시키듯이 즉각즉각 지시에 따르고 통제에 복종하도록 하는 훈련을 시도하게 되는 것이다.

그러나 이렇게 해 보면 얼마 안 가서 금방 알게 된다. 이렇게 해서 해결될 일이 아니라는 것을. 아무 유익도 없고, 아무 해결도 없고, 아이와 부모 모두 점점 더 피폐해질 뿐이라는 것을.

애완동물을 다루는 TV 프로그램에 훈련 전문가가 나와서 아주 간단히 행동교정을 해 주는 장면을 보면 나는 마음이 불편해진다. 주인이 손도 못 대고 쩔쩔맬 정도로 사납던 강아지가 전문가가 와서 목줄 몇 번 잡아당기고 나면 순순히 얌전해지는 걸 보면서 '아~ 저렇게 간단히 버릇을 고칠 수가 있구나' 하고 볼 때마다 놀란다. 그러나 동물의 세계에 적용되는 그 힘의 논리, 서열과 복종의 원리가 은연중에 부모-자식, 교사-학생 관계를 연상시키며 빗대어지는 것 같아 마음이 불편하다.

〈우리 아이가 달라졌어요〉 같은 프로그램도 마찬가지다. 보고 있을 때는 거기에 빠져들어 보게 되지만 다 보고 나서는 마음이 불편해지곤 한다. 물론 전문가들이 말하는 육아의 기술이나 원칙들은 올바른 것들이다. 문제는 그 원칙들을 적용했다고 해서, 몇 가지 규칙들을 지킨

다고 해서 몇 주 만에 그렇게 아이의 모든 문제들이 해결되지는 않는
다는 것이다. 그건 편집된 화면이 보여 주는 장면들일 뿐이다. 실제로
는 그렇게 간단하지가 않다.

그걸 보고 있으면 '이렇게 간단한 원칙과 기술을 알지 못해서 아이
가 이 지경까지 되게 만들었나'라는 생각이 든다. 그러나 사람의 문제,
더구나 사람과 사람, 개인과 사회가 얽힌 문제는 그보다 훨씬 더 총체
적이고 근본적으로 접근해야 할 문제다.

부모와 학교는 그대로 두고 '애만 어떻게 해 보려는' 통제의 방식으
로는 아무것도 되지 않는다. 그렇게 해서 뭔가 달라졌다면 그건 아마
도 편집해서 방송에 한 번 나갈 딱 그 정도, 그만큼일 거다.

학교생활이 힘든
더 큰 이유
———
더 큰 문제는 또래 아이들과 잘 어울
려 놀지 못하는 거였다. 공부방 선생님은 자기가 보기에 들이와 다른
아이들은 서로 코드가 안 맞는 것 같다고 말했다. 다른 아이들 대부분
이 재미있다고 생각하는 것이 들이에게는 따분하고, 들이가 흥미를 느
끼는 것에 다른 아이들은 시큰둥하다는 것이다. 과학실험을 해도 그
렇고 만들기를 해도 그렇고 그냥 놀이를 할 때도 그렇다는 것이다.

아이들이 다 같이 놀고 있을 때 들이는 혼자 다른 방에 가서 책 보
고 있는 경우가 대부분이라고 했다. 어쩌다 들이가 놀이에 끼어들고
싶어 할 때가 있는데 그건 다른 아이들이 게임하는 걸 가만히 보고

있다가 불쑥 나서서 게임방법을 다르게 해 보자 한다든지, 그걸 가지고 전혀 다른 놀이를 해 보자고 한다든지 하는 식이라서 아이들은 들이 제안을 무시하고 그냥 자기들이 원래 하던 방식으로 논다는 것이다. 자꾸만 그렇게 되다 보니 들이가 무슨 말을 하면 아이들이 다 같이 "뭐야~", "헐~" 하면서 왕따처럼 되어 버렸고, 누가 들이를 놀리면 다 같이 놀리고, 누가 들이한테 장난을 치면 너도나도 우르르 장난을 치고 그런다는 것이다. 아무튼 선생님이 보기에 들이가 좀 독특한 건 사실인 것 같다고 했다.

공부방 선생님은 공부를 가르치기보다는 아이들이 노는 걸 지켜보는 시간이 대부분이다 보니 좀더 세심하게 아이들 하나하나를 관찰할 수 있었던 것 같다. 학교 선생님에게서보다 좀더 세세한 일상의 문제들을 전해 들을 수 있었다. 학교에서 벌어지는 일들도 크게 다르지 않은 것 같았다. 들이를 통해 들은 학교 아이들 사이에서의 문제와 공부방 선생님을 통해 들은 문제가 같은 맥락의 것이었다.

들이가 다른 아이들과 잘 어울리지 못해서 왕따처럼 되어 가고 있다는 건 정말 겁이 났다. 수업이나 과제에 집중 안 하는 문제야 학교 선생님만 양해하면 될 일이지만, 아이들 사이에서 왕따가 되는 건 훨씬 심각한 문제다.

초등학교 저학년 아이들에게 선생님은 절대적이다. 선생님이 치켜세워 주는 아이는 친구들 사이에서도 함부로 하기 어려운 상대가 되고, 선생님이 핀잔주고 구박하는 아이는 친구들 사이에서도 만만한 놀림감이 된다. 날마다 선생님한테 지적당하고 벌 받고 열외가 되는 아이는 학급에서 '왕따'의 역할을 하게 된다. '왕따'란 그냥 단순하게 따돌리고 소외시키기만 하는 게 아니라, 구성원 누구나 함부로 할 수 있는 대상이 되는 거다. 선생님은 무섭고 다른 애들한테는 밀리지만 그래도 최소한 '저 아이'한테만큼은 나도 막 대할 수 있는….

ADHD가 무서운 게 아니라 사실은 그로 인해 받게 되는 이런 대접, 집단에서의 이런 위치와 역할이 공고해지는 것이 정말로 무서운 거다. 이런 경험은 사람을 파괴시킨다.

들이는 왜 자꾸 자기에게만 억울한 일이 생기는지 이해할 수 없어 했고, 왜 자기만 타깃이 되는지, 왜 모두의 공격이 자기에게 집중되는지 알 수 없어서 몹시 괴로워했다. 이렇게도 해 보고 저렇게도 해 보고, 결국 자기가 어떻게 해도 마찬가지 결과가 나온다는 걸 알게 됐고 무력감과 피해의식에 빠졌다.

아이에게 한 번 자리 잡은 패배감과 피해의식은 마치 좀비처럼, 문제 해결을 위한 모든 시도와 노력들을 잡아먹는다. 처음부터 아예 시도 자체를 못하게 하고, 무력화시키고, 이런 좌절들을 먹이 삼아 피해의식은 점점 더 덩어리를 키워 간다. 이걸 퇴치하는 게 가장 힘들고 오래 걸렸다.

교사나 의사와는
다를 수밖에 없는 부모의 입장
—   수업에 집중하고
최소한 '정해진 시간 안에 문제 풀기와 글씨 쓰기'라도 제대로 할 수 있

게 해 보려고 온갖 시도와 노력을 다 해 보고 나서 나는 분명한 결론을 내렸다. 아이가 일부러 그러는 게 아니라는 것, 시키는 대로 하지 못했을 때 주어질 벌이 무섭지 않아서 그러는 게 아니라는 것, 학습능력이나 발달의 문제가 아니라는 것, 고집이나 반항이 아니라는 것, 저도 그러고 싶어서 그러는 게 아니라는 것, 누구보다도 아이 자신이 가장 당혹스러워하고 있다는 것. 어떤 식의 강제로도 해결할 수 없는 문제라는 게 명백해졌다.

이걸 직접 확인하고 분명한 결론을 내린 것은 큰 도움이 됐다. 이쪽인지 저쪽인지 가늠조차 할 수 없었던 상황에서 그중 한쪽 방향이 확실히 아니라는 걸 알았다는 것만으로도 절반은 해결이 된 셈이다. 아이의 행동을 강제로 고쳐서 어떻게 해 보겠다는 방향은 확실히 접을 수 있게 됐으니 이제 남은 건 반대쪽뿐이다. 아이를 보호하는 것.

또 나는 의사나 학교의 입장과 부모로서의 내 입장이 같을 수 없다는 걸 확실하게 깨달았다. 물론 입장이 다르더라도 효용과 편의를 위해 적절한 선에서 타협할 수도 있다. 그러나 부모 입장에서 내가 내어줄 수 있는 걸 내어 주고 그들의 요구에 응할 수 있다면 기꺼이 그렇게 하겠는데, 그들이 나더러 내놓으라고 하는 것은 부모인 내 양심으로서는 결코 내놓을 수가 없는 것들이다.

나는 ADHD인지 아닌지를 떠나서 아이가 겪는 어려움의 원인을 정확히 알고 싶었고, '어떻게 학교생활을 잘하게 할 수 있을까'가 아니라 '아이가 겪고 있는 어려움의 본질'을 알아내야 했다. 지금 가장 절박하고 가장 힘든 사람은 아이 자신일 게 분명하니까!

아이에게 실제로 일어난 일

나는 최초에 문제가
발생한 시점으로 돌아가서 다시 차근차근 복기해 보기로 했다.

유치원 졸업할 때까지는 아무 문제도 없었다. 맨 처음 문제가 생긴
건 초등학교 입학부터였다. 한글을 못 깨쳤단 오해를 받을 정도로 그
렇게 매일같이 혼났으면서 어째서 한 번도 엄마에게 얘기하지 않았느
냐고 아이를 추궁했지만, 사실은 아이가 나한테 '그동안 왜 그랬냐'고
추궁할 일이었다. 애를 학교에 입학시켜 놓고 한 달 동안이나 애가 학
교생활을 어떻게 하는지, 가져갈 준비물이 있는지, 숙제가 있는지 제
대로 알아보지도 않고 이제 와서 왜 그랬냐고 애한테 물어보다니….

아이가 학교에서 있었던 일을 얘기하기는커녕 엄마 얼굴을 제대로
볼 시간도 없었다. 새벽 6시 40분에 애를 데리고 집에서 나와 들이 외
삼촌네 집에 데려다 주고 7시가 되기 전에 버스를 타야 지각하지 않고
출근할 수 있었다. 저녁에는 7시 칼퇴근을 하고 부랴부랴 오면 8시 반,
좀 늦으면 9시가 넘었다. 그 시간에 들이를 데리고 집에 와서, 들어오
자마자 서둘러 목욕시키고 잠자리에 누우면 10시였다. 더 늦게 재울
수도 없었다. 아침에 6시 반에는 애를 깨워야 하니까. 그러니까 들이가
엄마 얼굴을 볼 수 있는 시간은 하루에 한 시간 정도인데, 그 한 시간
동안 엄마는 정신없이 애 씻기고 집안 대충 치우고 불 끄고 자곤 했던
거다.

아이는 그렇게 집에서 아무런 보살핌도 받지 못한 상태에서 날마다
학교에 가기만 하면 준비물 안 가져왔다고 혼나고 숙제 안 해 왔다고

벌서고, 그렇게 시작부터 '혼나는 아이'로 학교생활을 시작했던 것이다. 생전 처음 받아 보는 그런 대접이 아이한테는 충격이 됐을 것이다.

충격은 그뿐만이 아니었다. 유치원 졸업하고 그 2월부터 3월까지 줄줄이 충격의 연속이었다. 유치원 졸업하기 전에 들이 아빠와의 이혼이 마무리됐다. 어느 날 아빠가 찾아와서 들이에게 앞으로 오랫동안 볼 수 없을 거라고 작별인사를 했다. 그와 동시에 나는 경기도에 있는 남동생네 집 근처로 이사를 가기로 했다. 서울에 직장이 있는 나는 출퇴근 거리가 상당히 멀어지게 되지만 학교에 입학하고 나면 종일반도 없으니 누군가 들이를 돌봐 줘야 하는데 부탁할 곳이 거기밖에 없었다.

학교에 입학하기 전에 먼저 이사를 해야 하는데 일정이 딱 맞지가 않아서 20일 가까이 남동생네 집에서 신세를 지게 됐다. 들이 입장에서는 갑자기 집이 통째로 없어진 셈이 된 것이다. 익숙했던 유치원과 동네, 집, 가족을 한꺼번에 잃어버린 게 됐다. 3월 한 달의 절반은 그렇게 집이 없는 상태로 지냈고, 나머지 절반은 새벽에 일어나 잠도 안 깬 상태로 외삼촌네로 갔다가 밤에 집에 와서 잠만 자는 생활을 했다. 그리고 이 상태에서 날마다 학교 선생님한테 혼나기만 한 것이다.

아이는 갑자기 닥친 이 상황을 도저히 감당할 수 없었을 것이고, 감당할 수 없는 충격과 혼란, 불안으로부터 자기를 지키기 위해 본능적으로 방어기제를 작동시켰을 수 있다. 보고 듣고 이해하고 대답하고 지시에 따르고 참여하고 움직이는 모든 것에서 상황과 자신을 분리해 버렸을 수 있다.

어쨌든, 나는 이 지점에서 정신이 번쩍 들었다. 그동안 아이가 용케 잘 견뎌 주고 있다고 생각했었는데 갑자기 눈앞이 번쩍하면서 한 대 얻어맞은 느낌이었다. 정신을 차리고 보니 아이가 그동안 혼자서 얼마나 힘들었을지… 기가 막혔다.

그때부터 부랴부랴 준비물을 챙겨 주고 숙제를 시키고 신경을 썼지만, 담임선생님은 그래도 애가 별로 달라진 게 없다고 했다. 수업시간엔 여전히 딴 세상에 가 있고 여전히 운동장만 내다보고 있다는 것이다. 선생님은 들이 때문에 굉장히 힘들다면서 자기는 어떻게 해야 할지 모르겠다고 했다. 학부모인 내게 보이는 무시와 짜증이 이 정도라면 들이가 평소에 직접 받는 것은 어느 정도일까…. 물론 들이가 원인이 돼서 그런 것이긴 하지만 어쨌든 아이가 이 정도의 짜증을 매일 감당하고 있을 걸 생각하니 내가 견디기 어려울 정도였다.

게다가 아이는 외삼촌, 외숙모, 형, 누나로 이루어진 '완전해 보이는' 가족 속에서 오히려 소외감을 느끼고 있었다. 마치 자기만 부모에게서 버려진 것 같은…. 그래서 아이는 학교 끝나면 혼자 아파트 단지를 배회하거나 친구네 집에 가 있다가 저녁때가 돼야 외삼촌네 집으로 가곤 했다. 그럴 거면 차라리 우리 집에 가서 혼자 있으라고 할 걸, 나는 아이 혼자 집에 두는 게 불안해서 집 열쇠를 아이에게 주지 않았다. 무조건 외삼촌네 집에 가 있으라고만 했다. 그렇게 밖으로 빙빙 돌면서 아이는 사흘이 멀다 하고 필통, 신발주머니, 잠바, 어떤 날은 아예 가방을 통째로 잃어버리고 왔다.

'이러다 좋아지겠지' 하고 쉽게 생각할 일이 아닌 것 같았다. 아이가 혼자 견디다 견디다 이렇게 된 건데 더 이상 혼자 내버려 둬서는 안 되겠다는 생각이 들었다. 아이한테 가장 절실한 건 엄마와의 강한 유대에서 오는 안정감일 텐데, 그렇다면 차라리 엄마와 둘만의 공간과 시간이 확보되는 것이 아이에게 도움이 될 것 같았다. 내가 처음부터 잘못된 선택을 했던 것이다.

나는 당장 서둘러 다시 이사를 했다. 직장을 걸어서 다닐 수 있는 거리에 집을 구했고 마침 학교도 가까이에 있었다. 학교 끝나면 바로 엄마 직장으로 와서 얼굴 잠깐 보고 공부방으로 가도록 했다. 퇴근하는 길에 아이와 함께 집에 갈 수 있고, 밤에 좀 늦게 자도 상관없으니 아이와 훨씬 긴 시간을 함께 보낼 수 있게 됐다. 처음부터 이렇게 했으면 좋았을 걸…. 처음부터 이럴 생각으로 알아봤으면 그때도 방과 후 공부방을 찾을 수 있었을 것이다. 학교에는 종일반이 없다는 생각만 하고 그냥 덜커덕 이사부터 했던 게 잘못이었다.

집과 학교를 옮기고 나서 들이는 훨씬 밝아졌다. 묻는 말에 대답하는 것 말고는 말도 잘 안 하던 아이가 먼저 말도 하고 웃는 일도 많아졌다. 방과 후 공부방에서 지내는 시간을 힘들어하긴 했지만 그래도 저녁에 집에 와서는 엄마랑 둘이 조용한 시간을 보낼 수 있는 걸 만족스러워했다. 유치원 때와 같은 안정된 일상을 되찾게 된 것이다.

전학하고 나서 일주일 뒤에 담임선생님을 찾아갔다. 이전 학교에서처럼 문제가 있다고 하면 어떡하나 떨리는 마음으로…. 담임선생님은 아이가 별 문제 없이 잘 적응하고 있다고 했다. 정말 다행이었다.

그랬는데 그로부터 2주쯤 지난 뒤부터 들이가 학교 끝나고 오는 시간이 자꾸 늦어졌다. 학교 끝나면 사무실에 들렀다 가는데 원래 오던 시간이 한참 지나도 안 와 살짝 걱정이 돼서 학교로 가봤다. 열려 있는 교실 문으로 들여다보니 청소당번인 엄마들 몇 명이서 청소를 하고 있고 교탁에는 선생님이 앉아 있고 선생님 맞은편 책상에 두 아이가 앉아서 뭔가를 하고 있는 게 보였다. 그중 한 아이가 우리 들이였다. 나는 교실로 들어가서 선생님한테 인사를 하고 들이가 뭘 하고 있는 건지 물어봤다.

"수업시간에 다 못 한 사람은 남아서 다 하고 가기로 약속했어요. 지금 시간이 몇 신데 이 두 명이 아직도 이러고 있네요."

선생님은 대수롭지 않다는 듯이 가볍게 말했다. 뭘 하고 있는 건가 봤더니 공책에 낱말 열 개를 다섯 번씩 쓰는 거였다. 그렇게 오래 걸릴 일도 아닌데 이걸 하느라 여태 이러고 있다고? 수업이 끝났을 때부터 못해도 한 시간은 지나 있었다.

저녁에 집에 와서 "엄마랑 받아쓰기 시험 보자." 하고 아까 교실에서 썼던 그 열 개의 낱말을 불러 줬다. 열 개를 다 받아쓰는 데 2분도 안 걸렸다. 그걸 다섯 번 반복하면 되는 건데 왜 한 시간이 넘게 걸렸을까.

다음날도, 그 다음날도 들이는 계속 교실에 남았다. 어떤 날은 수학 문제를 푸느라, 어떤 날은 교과서 여백에 답을 적느라 날마다 한 시간 넘게 교실에 남아 있었다.

나는 면담 요청을 했다. 왜 이렇게 매일 들이만 방과 후에 남게 되는 건지 조심스럽게 물었다. 담임선생님은 들이가 전학생이라 좀더 신경 써서 지켜봤다고 하면서, 전학 와서 처음 2주 정도는 아주 잘 적응하고 수업에도 적극적이었다고 말했다. 이해력도 뛰어나고 표현력도 좋고 발표도 잘하고 과제 수행도 잘하는 편이었다고. 반복해서 쓰기를 어려워했지만 크게 문제될 정도는 아니었다고 한다. 그러던 아이가 2주 정도 지났을 때부터 갑자기 수업시간에 주어진 과제를 마치지 못하고 집중력이 떨어지기 시작했다는 것이다. 선생님이 바로 코앞에서 지키고 있는데도 한 시간이 지나도록 공책 한 바닥을 못 채우고 붙들고만 있다는 것이다. 딴짓을 하는 건 아닌데 멍하니 손 놓고 앉아 있고, 지적을 하면 지적을 받은 순간에만 허둥대다가 금방 멍해지곤 한다는 것이다.

담임선생님은 들이에게 원래 어떤 문제가 있느냐고 물었다. 나는 유치원 때까지는 아무 문제가 없었는데 초등학교 입학하면서부터 적응을 잘 못하는 것 같다고 말했다. 전학 오기 전 학교에서 있었던 일도 얘기했다. 선생님은 조금 더 지켜보자고 하면서 여름방학 전에 한 번 다시 면담을 하자고 했다.

나는 집에 와서 곰곰 생각해 봤다. 전학을 하면 보통은 적응하는 데 어려움을 겪는다고 하는데 들이는 오히려 전학을 하고 나서 학교생활을 잘했다. 유치원 때 보던 우등생의 모습을 오랜만에 다시 볼 수 있었다. 그런데 2주 정도 지나서부터 갑자기 지난번 학교에서와 같은 모습이 나오기 시작했다는 거다. 2주 지났을 때 무슨 일이 있었던 걸까?

선생님한테 혼났던 일 중에 특별히 기억나는 게 있는지 잘 생각해 보라고 했더니 아침에 지각해서 혼난 게 기억에 남는다고 했다. 그리고 그게 전학 와서 처음으로 선생님한테 혼난 거였다고 한다. 그 얘기를 들으니 나도 기억이 났다.

나는 아침마다 좀 일찍 출발해서 학교까지 느긋하게 걸어가서 들이가 학교로 들어가는 걸 보고 출근하곤 했기 때문에 들이는 지각할 일이 없었다. 그러다가 처음으로 혼자 등교한 날이 있었다. 그날은 학교 가는 토요일이었고 나는 근무가 없는 놀토였다. 그래서 혼자 한번 가보라고 아이를 혼자 보냈다. 아이는 학교까지 잘 가서 실내화로 갈아신으려고 보니 신발주머니 안에 엄마 다이어리가 들어 있었다. 전날 퇴근길에 같이 시장 보고 들어가면서 손에 들고 있던 다이어리를 들이한테 맡겼고 들이는 그걸 신발주머니에 넣었던 것이다. 집에 들어가서는 나도, 들이도 다이어리 생각을 못했다. 그리고 다음날 아침 학교에 도착해서 들이가 그걸 발견한 것이다. 들이는 그걸 본 순간, '엄마는 이걸 내가 갖고 있다는 걸 모를 텐데 내가 학교에 있는 동안 엄마가 이게 필요하면 어떡하지? 이거 엄마가 일하는 데 필요한 건데…' 하고 걱정이 됐다. 그래서 들이는 학교에서 나와서 엄마 사무실로 갔다. 사무실 문은 잠겨 있었다. 들이는 '어떡하지, 어떡하지' 하다가 사무실 문 앞바닥에 다이어리를 놓고 자기 알림장을 한 장 뜯어서 엄마 이름을 커다랗게 써서 올려놨다. 혹시 다른 사람이 무심코 버릴까 봐 그렇게 한 거다. 그리고 나서 학교로 갔는데 지각이었다. 선생님은 들이를 교탁 앞으로 불러서, 반 아이들 전체가 지켜보는 앞에서 회초리로 손바닥을 때리고 자리에 들어가서 앉도록 했다. 그날 집에 돌아와서 들이는 이 얘기를 나한테 들려줬다.

나는 이 얘기를 듣고 애한테 너무 미안하고 속이 상했다. 학교 가기 전에 아이 신발주머니를 제대로 살펴보지 않고 보낸 내 잘못이 제일 크지만, 그래도 제 딴에는 엄마 걱정을 하느라고 그런 건데 무조건 손바닥을 때린 선생님이 야속했다.

"엄마 다이어리 갖다 주고 오느라 늦었다고 말씀드리지 그랬어."

"말하려고 했는데 선생님이 안 물어봤어."

"'왜 늦었니'라고 물어봤을 거 아냐."

"아니. 그냥 '이리 앞으로 나와' 그래서 앞으로 갔더니 '손바닥 대' 그랬어. 손바닥 한 대 맞고 나서는 '다음에 지각하면 두 대 맞는다. 들어가서 앉아' 그래서 나는 언제 얘기해야 될지 몰랐어."

너무 속이 상했다. '왜 늦었니' 한 번만 물어봐 주었으면 얼마나 좋았을까. 초등학교 1학년짜리 아이한테 조금만 더 친절하고 우호적인 분위기가 돼 주면 안 되나, 학교는? 아이는 그런 군대 같은 분위기에 거부감이 들고 당황스러웠을 것이다.

그게 전학 와서 처음으로 혼난 거라고 하고, 그 토요일 날짜를 따져 보니 전학 온 뒤 정확히 2주 됐을 때였다. 우연의 일치일지는 모르겠으나 어쨌든 전학 와서 아무 문제없이 잘 생활하다가 선생님한테 억울하게 손바닥을 맞고 나서 그때부터 아이는 뭔가를 닫아 버리기 시작한 것 같았다. 그렇게 아이가 상황과 자신을 분리해 버리기 시작하니까 선생님이 보기에는 문제가 심각해 보였고, 고치려고 하면 할수록 점점 더 심해지니까 '누가 이기나 한번 해 보자'는 식으로 아이를 꺾으려고 했을 것이고, 그 한계에 부딪치니까 선생님은 '이건 교사가 어떻게 해 볼 수 있는 문제가 아닌 것 같아. 이 아이한테 원래 어떤 문제가 있는 게 틀림없어'라는 결론에 이르게 된 것이다.

그래서 담임은 여름방학 직전에 만났을 때 ADHD 얘기를 꺼냈고 나는 그 말을 듣고 병원에 가서 진단을 받은 거였다. 나는 병원을 다녀왔다는 얘기를 안 했지만, 담임선생님은 자기 판단대로 들이를 ADHD라고 생각했을 것이고 계속해서 자기 판단대로 아이를 취급했을 것이다.

그러나 들이가 결정적으로 충격을 받은 것은 엄마의 태도 변화였을 게다. 한 번도 그런 식으로 자기를 대한 적이 없었던 엄마가 학교 선생님 말만 듣고 갑자기 돌변해서 자기를 추궁하고 호통을 치고 매를 들었다. 아이는 영문도 모르고 그걸 고스란히 당했고 그 충격이야말로 모든 것 중에 가장 치명적이었을 것이다. 선생님들에게 차례차례 두 번이나 경험한 그 과정을 그대로 엄마에게서 경험하게 된 아이는 첫 번째 선생님과 두 번째 선생님에 이어 엄마에게도 아주 빠른 속도로 뭔가를 닫아 버리게 됐을 것이다.

유치원 졸업 때부터 여기까지, 몇 달밖에 안 되는 이 짧은 시간 동안 들이가 연달아 받은 이 충격들은 여덟 살짜리 아이가 그럭저럭 감당해 낼 수 있는 것들이 아니다.

모든 아이들이 이런 충격을 받았다고 전부 다 들이 같은 행동을 보이는 것은 아니다. 그냥 그럭저럭 수월하게 넘어가는 아이들도 있다. 친척집에 맡겨져서 잘 지내는 아이들도 많고 학교에서 매일 혼나면서도 구김살 없이 밝게 잘 자라는 애들도 많다. 그러나 누군가 어떤 자극에 유독 예민한 반응을 보였다고 해서 '예민한 반응'이 주가 되고 그 반응의 원인이 간과되어서는 안 된다. 핵심은 원인을 찾아 해결하는 데 있지 반응을 조절하는 데 있지 않다.

문제 해결의 첫 단추
—
아이를 고치려고 드는 게 방법
이 아니라는 것을 확실히 깨닫고 나서부터는 나는 '학교는 무조건 옳
고, 너는 학교에 무조건 따라야 한다'는 입장을 버렸다. 학교에서 어떤
문제가 있었다는 얘기를 아이한테 들으면 전에는 "그래서 엄마가 이렇
게 이렇게 하라고 했잖아"라고 아이의 잘못을 꼬치꼬치 짚어 줬다. 그
러나 이제는 "너도 그럴 만한 이유가 있었겠지"라고 해 줬다. 아이가
말하는 이유에 대해서는 옳으니 그르니 평가하지 않고 그냥 들어 주기
만 했다. 아이 나름대로 이유가 있을 때도 있고, 어떤 때는 아이 자신
도 왜 그렇게 됐는지 잘 모르겠다고 할 때도 있다. 그럴 때는 "어른들
도 그럴 때가 있어. 이유도 없이 그렇게 될 때가 있어"라고 해 주고, 자
기도 모르겠는 이유를 억지로 생각해 낼 필요는 없다고 말해 줬다.

학교 선생님이나 공부방 선생님한테서 무슨 얘기를 들으면 전에는
늘 죄송하다고 했었다. 그런데 이제는 그러지 않기로 했다. 무슨 소리
를 들어도 "아~ 그랬어요?" 정도로만 응수했다. 절대로 죄송하다고
말하지 않았고, 미안하다는 표정이나 면목 없다는 태도도 보이지 않
았다(사실 이건 나로서는 무척 힘든 일이었다. 항상 정신을 바짝 차리고 있지 않으
면 나도 모르게 미안한 표정이나 태도가 튀어나오려고 했다). 들이가 옆에 있으
나 없으나 한결같이 그렇게 했다. 그리고 그 일에 대해 들이한테 다시
물어보지 않았다. 물어보고 싶은 마음이 목까지 차올라와도 묻지 않

고 참았다. 들이가 먼저 얘기를 꺼내면 담담하게 들어 주고 선생님한테 그랬던 것처럼 "그랬구나~"라고만 했다. 옳고 그름은 어차피 선생님이 다 가려 줬을 것이다. 선생님의 판결이나 처분이 옳았네 글렀네 하지도 않았다. 그냥 "이궁, 속상했겠네.", "우리 아들 마음이 많이 힘들었겠네." 하고 아이의 감정을 받아 주고 안아 주고 다독다독해 주기만 했다. 지금 들이한테 필요한 건 자기 입장을 마음껏 털어놓을 수 있는 단 한 사람이었다. 그건 누구에게나 필요하다. 그런 대상이 세상에 단 한 사람도 없다는 건 누구에게나 가혹한 일이다.

나는 "이 세상이 다 같은 편이고 너만 다른 편이야"라고 몰아붙이는 환경 속에서 최소한 "너한테는 엄마가 있어. 엄마를 붙잡아"라고 말해 줄 필요가 있겠다고 생각한 건데, 나중에 알고 보니 이건 정말 잘한 일이었고 제대로 방향을 잡은 거였다. 주양육자인 엄마가 '자기 때문에 미안해하는 사람'이 아닌 '자기를 지지해 주는 사람'이 되는 건 문제 해결의 첫 단추였다.

엄마가 '나 때문에' 미안해한다는 건 아이 입장에서는 엄마가 자기 존재를 부정하는 것으로 받아들여질 수 있다. 이를테면 아이가 숙제를 해 오지 않은 '행동'에 대해 야단을 맞으면 아이는 자기 '행동'을 부정적인 것으로 여기게 된다. 여기까지는 괜찮다. 그런데 여러 잘못이 반복되다 보면 선생님은 이런 말로 야단치게 된다. "도대체 너는 왜 그러니", "너를 어떻게 해야 될지 모르겠다", "너 때문에 정말 미치겠다." (이런 말을 엄마가 직접 아이한테 하는 경우도 있다) 이렇게 되면 아이는 자기 가치, 자기 존재를 부정적인 것으로 여기게 된다.

물론 선생님은 정말로 아이의 존재를 부정하려는 뜻으로 그렇게 말한 것은 아니다. 그러나 좀더 정확히 들여다보면, 그 아이 개인을 구성하고 있는 여러 요소 중에 어떤 행동들이 잘못이라기보다는 학급의 여러 아이들 중에 이 아이가 문제라는 생각이 그 말 속에 들어 있는 것도 사실이다. 그냥 쉽게 '말이 그렇다는 것이지 뜻은 그런 게 아니다'라고 할 수는 없다. 어쩌면 선생님의 태도에 대해 아이가 이해한 것이 정확한 것인지도 모른다.

　게다가 어린 아이는 이런 말을 듣고 자기 '행동의 잘못'과 자기 '존재의 잘못'을 구분할 능력이 아직 없다. 자기라는 존재가 잘못인 것으로 받아들인다. 이런 상황에서 엄마가 선생님에게 아이의 잘못에 대해 미안해하고 사과하면 아이 입장에서는 엄마마저도 자기 존재를 부정하고 있는 것으로 받아들이게 된다. '내 행동' 때문에 사과하는 것으로 보이지 않고 '내 존재' 때문에 사과하는 것으로 보인다. '나라는 존재가 사과할 일'인 것이 된다.

　'존재를 부정한다'는 건 아이의 언어로 말하면 "네가 없었으면 좋겠어", "네가 아니고 다른 아이였으면 좋겠어"라는 뜻이다. 이건 아이에게는 본능적으로 스스로를 보호할 다른 방법을 찾게 할 만큼 위협적이고 충격적인 일이다. 어른들은 아무 생각 없이 야단치고, 아무 생각 없이 사과하고, 그것이 교육적인 일이라고까지 믿으면서 그렇게 하지만 아동의 심리에서 일어나는 복잡한 일들은 이렇다.

　자신의 주양육자가 자기 존재를 인정하고, 자기를 이해하고 있다는 완전한 신뢰가 생기면 아이는 주양육자의 권위를 인정하고, 그 권위자가 설정해 주는 한계는 기꺼이 수용하게 된다. 이게 첫 단추였다. 알고 한 게 아니라 왠지 그래야 할 것 같아서 끼운 첫 단추가 운 좋게 잘 맞아 들어간 것이다.

나도 처음부터 완벽하게 이렇게 태도를 바꿀 수 있었던 것은 아니다. 머리로는 '이렇게 해야지' 생각하면서도 막상 어떤 상황에 닥치면 예전처럼 아이를 다그치고 싶고, 속에서 울컥 올라올 때가 더 많았다. 안정적으로 일관된 태도를 가지고 행동할 수 있게 되기까지 1년 넘게 걸린 것 같다. 아니, 사실은 그보다 더 걸렸다. 처음에는 그저 속마음은 민망하고 부끄러운데 겉으로만 아이 편을 드는 척했다. 우리 사회에서, 학교에서 어떤 아이가 바람직한지, 아이를 어떻게 가르쳐야 올바른 부모로 보이는지 나는 너무너무 잘 안다. 둥글둥글 성격 좋은 아이를 보면 나도 부럽다. 우리 아이가 너무 예민하게 군다는 얘기를 들으면 속상하다. 그런데도 겉으로는 "예민하게 굴 만하니까 예민하게 굴었겠지요"라는 태도를 보였다. "에구… 엄마가 저러니까 애가 그런 거지"라는 보이지 않는 비난을 다 느끼면서 견뎠다. 그래서 많이 힘들었다. 남들에게 훌륭하고 반듯한 엄마로 보이고 싶은 나 자신의 욕망을 버리고 '무조건 제 자식 편만 드는' 무식한 엄마로 보이는 게 정말로 괜찮아질 수 있기까지는 정말 힘들고 오래 걸렸다.

이런 변화의 과정을 더 힘들게 하는 것은 아이가 내 마음을 알아주지 않는다는 것이다. 내가 이렇게까지 노력하고 있는데 아이는 쉽사리 믿어 주지 않는다. 한 번 닫은 마음을 그렇게 쉽게 다시 열어 주지 않는다. 그래도 진정성을 가지고 일관되게 노력하다 보면 어느 순간 아이가 엄마를 '믿을 수 있는 사람'으로 인정하는 '기적의 순간'이 찾아온다.

담임교사가 끼치는 영향
—   마침 2학년 올라가서
새로 만난 담임선생님은 연세가 좀 있는 분이었는데, 역시 들이의 행
동에 대해 지적을 하기는 했지만 그냥 굼뜨고 느린 아이 정도로만 생
각하는 것 같았다. 학교에서 매일 야단맞는 건 똑같았지만 아이가 느
끼기에 뉘앙스가 다른 것 같았다. "너는 진짜 구제불능이구나", "너
는 확실히 문제가 있는 아이야"라는 식이 아니라 그저 "아우, 이눔 자
식!" 하고 지나가면 그뿐, 별로 관심을 가지지 않는 약간 무심한 스타
일이었다. 들이에게는 이런 무관심이 오히려 득이 된 것 같았다.

선생님의 무관심 덕분인지는 모르겠으나 어쨌든 2학년 때 들이는
글짓기 대회, 그림 그리기 대회 같은 데서 심심치 않게 상을 받아 왔다.
날마다 교실에서 딴 세상에 가 있고 지적받고 혼나는 것은 똑같았으나
일상생활이 아닌 무슨 대회나 시험에서는 그동안 제 안에 감춰져 있던
뭔가가 발휘된 것이다. 물론 상 몇 번 타 왔다고 아이의 모든 문제가 해
결됐다는 식으로 해석하는 것은 말도 안 된다. 일상생활에서의 문제
는 그대로다. 친구들 사이에서 놀림 당하고 따돌림 당하는 것도 그대
로다. 다만 뭔가 하나라도 긍정적인 변화가 생겼다는 것, 그게 중요하
다. 악천후 속에 고립된 항해를 하는 것은 똑같아도 어쨌든 깜빡이는
등대 불빛을 한 번 봤다는 것, 한두 번 보이다가 다시 안 보이더라도 어
쨌든 분명히 보긴 봤다는 것, 이게 중요한 거다!

3학년 올라가서는 정말 열정적인 관심을 가진 담임선생님을 만났다. 이 선생님은 모든 것이 완벽해야 했고 또한 훌륭해야 했다. 학기 초 학부모 면담에 갔을 때 선생님은 들이에 대해 어떻게 이런 말도 안 되는 상태로 아이를 그냥 둘 수 있었는지 경악스러워하는 것 같았다. 그리고 다른 교사들은 어땠는지 몰라도 자기는 틀림없이 들이를 고쳐놓고야 말겠다는 의지를 보였다. 당연히 들이는 가장 힘든 나날을 보내게 되었다.

5월쯤인가 공개수업에 갔다. 선생님은 엄마들 눈이 휘둥그레질 정도의 공개수업을 준비했다. 수학 과목을 영어로 진행했고, 준비한 학습자료나 교구도 정성이 한눈에 보였고, 아이들은 마치 예행연습을 수백 번 한 것처럼 영어로 척척 대답을 했고 영어 암송과 영어 노래 합창까지 정말 깜짝 놀랄 만큼 잘했다. 꼭 교육방송 녹화 현장에 와 있는 것만 같았다.

그 완벽한 공개수업에 빈틈은 단 한 곳, 우리 들이였다. 들이는 그 공개수업 시작부터 끝까지 그 진행에 따라가 주지 않았다. 선생님의 진행과 전혀 관계없이 자기만의 세상에 그냥 있었다. 선생님이 교육방송 진행자처럼 수업을 진행하는 동안 들이는 혼자 책을 뒤적거리거나 책의 여백에 낙서를 하고 있거나 아주 집중해서 연필의 껍질을 벗기고 있었다. 여섯 명씩 한 모둠으로 학습교구를 가지고 곱셈과 나눗셈의 원리를 알아보는 활동을 할 때에는 들이 모둠의 아이들은 원래부터 늘 그랬다는 듯 들이를 빼고 교구를 다섯 명이 나눠 가지고 자기들끼리 활동을 했다. 들이는 거기에 눈길도 주지 않고 혼자 열심히 지우개에

조각을 하고 있었다.

선생님이 프린트를 나눠 주고 문제를 풀라고 하자 아이들은 일제히 교구를 손에서 놓고 문제를 풀었다. 그와 동시에 들이는 손을 뻗어 교구들을 자기 앞으로 모아다가 하나씩 만져 보고 쌓아 보고 배열해 보고 했다. 아까부터 그게 만져 보고 싶었던 것 같다. 들이는 조용히 문제를 푸는 다른 아이들에게 방해가 되지 않게 조심스럽게 몸을 움직여 교구들을 가져오고 달그락 소리가 나지 않게 조심조심 다뤘다.

이제 그만 문제지를 걷어오라는 선생님 지시가 떨어지자 각 모둠에서 한 명씩 일어나 문제지를 걷었다. 들이 모둠에서 문제지 걷는 아이가 들이한테 문제지를 달라고 하면서 멈춰 서 있자 선생님이 낮은 소리로 그 아이 이름을 불렀다. 그 아이가 선생님을 돌아보니까 선생님은 재빠르게 눈짓으로 신호를 보냈다. '들이 빼고 그냥 가져와. 왜 그러고 있어!'라는 눈짓이었다. 그 아이는 그제야 '아차' 싶었는지 얼른 다섯 명의 문제지만 선생님께 갖다 드렸다.

문제지를 내고 나서 다 함께 화면을 보면서 영어로 답을 맞춰 보는 순서였다. 화면에는 구구단이 띄워져 있었고 군데군데 답이 빈칸으로 되어 있고 그 답을 다 같이 영어 문장으로 복창하는 식이었다. 답을 다 맞춰 보고 다음 순서로 화면이 넘어간 순간, 갑자기 들이가 손을 번쩍 들었다. 선생님은 눈에 보이게 얼굴이 일그러졌다. 그래도 엄마들 앞이니 하는 수 없이 웃으며 물어봐 줬다.

"들이, 질문 있니?"

들이는 뭔지 모르지만 몹시 당황한 것처럼 보였다.

"아… 그러니까… 아까 거기요. 7단에 7×6이 49로 돼 있어요…."

선생님은 당황해서 "그래?" 하면서 화면을 다시 앞으로 돌렸다. 보니까 정말로 7×6=49로 되어 있었다. 뒤에 앉은 엄마들이 웃으면서 "오오~" 했다. 선생님도 웃으면서 "들이 아니었으면 그냥 넘어갈 뻔했네. 고마워~" 하고선 "우리 다 같이 들이한테 고맙다고 말해 주자"라고 영어로 말했다. 아이들은 일제히 "Thanks a lot!" 하고 복창했다. 선생님은 웃고 있었지만 얼굴은 빨개져 있었다.

나도 순간 얼굴이 화끈 달아올랐다. 혼자 딴짓 하고 있는 것도 선생님이 간신히 참아 주고 있는데 엄마들 앞에서 선생님 실수를 지적하다니…. 완벽을 추구하는 저 선생님 입장에서는 야심차게 준비한 공개수업을 처음부터 끝까지 '완벽하게' 들이가 망쳐 버린 셈이 됐다.

나는 이날 담임선생님에게 아무 말도 하지 않고 왔고, 집에 와서도 들이에게 그 공개수업에 대해 언급하지 않았지만 아마도 이후로 들이는 그날의 대가를 톡톡히 치렀을 것이다. 무엇 때문인지도 모르고….

공개수업에서 내가 확인한 것은 아이가 실제로 처해 있는 상황이 내가 생각했던 것보다 훨씬 심각하다는 사실이었다. 2학년 공개수업 때와는 비교할 수도 없을 만큼 나쁜 상황이었다. 저 상황을 억지로 더 견디게 했다가는 정말 큰일나겠다는 생각이 들었다.

Ⅱ. ADHD는 문제가 아니라 재능이다

특별한 재능을 가진 아이들

패러다임의 전환
—— 들이 2학년 때, 나는 책을 통해 중요한 학자 두 명을 만났다. ADHD 진단을 받고 나서부터 그때까지 ADHD에 관련된 책이라면 있는 대로 다 찾아서 읽었고, 그중에는 ADHD를 질병이나 장애로 보는 데 반대하는 입장을 가진 책들도 있었지만 이들만큼 모든 것을 명쾌하게 정리해 주는 학자들은 없었다. 『ADHD 아동의 재능The Gift of ADHD』(시그마프레스)을 쓴 라라 호노스웹(Lara Honos-Webb)과 『에디슨의 유전자를 가진 아이들The Edison Gene: ADHD and the Gift of the Hunter Child』(『산만한 아이들이 세상을 바꾼다』, 미래의 창)을 쓴 톰 하트만(Thom Hartmann)이다.

나는 이들의 책을 읽고 나서 모든 것이 분명하게 이해가 됐다. 그동안 풀리지 않았던 모든 의문들, 미심쩍었던 것들, 이해되지 않았던 것들, 답답하고 불안하고 어떻게 해야 할지 알 수 없었던 그 모든 것들이 한 줄에 다 꿰어지고 한눈에 다 들어왔다. 제일 미칠 노릇이었던 게 아이가 왜 그런 행동을 하는지를 알 수 없었던 것인데, 이 책을 읽고 나서 아이의 모든 행동이 이해가 됐다. 이제 아이의 행동 중에 이해되지 않거나 예측할 수 없는 행동은 하나도 없게 됐다. 이게 얼마나 놀라운 일인지! 얼마나 감사한 일인지!

이들은 ADHD로 의심받거나 진단받는 아이들이 공통적으로 가지고 있는 특성에 대해 이야기하고 있다. 이들은 수많은 ADHD 아동들을 만나고 경험하면서 그 아동들이 공통적으로 어떤 특별한 재능을 가지고 있음을 발견했고, 이 아이들이 뭔가 결핍되거나 과잉된 문제가 있는 것처럼 오해받고 있는 것은 바로 그 '특별함' 때문이라고 본다. 아니, 정확히 말하면 특별함 때문에 오해를 받는 것이 아니라 우리 사회, 우리 교육이 그 특별함을 받아들이고 인정할 준비가 되어 있지 않거나 혹은 받아들이고 싶지 않기 때문에 문제 있는 것으로 오해하고 있다고 보는 것이 맞겠다(나는 솔직히 '몰아가고 있다'고 표현하고 싶다).

이 학자들은 ADHD라고 불리는 아이들이 가진 어떤 특별한 점들을 '문제'가 아닌 '재능'의 관점에서 봐야 한다고 주장한다. 나는 그동안 'ADHD인가 아닌가'라는 주어진 틀 속에서, 처음에는 약물치료를 할 것인가 안 할 것인가를 선택했고, 그 다음에는 'ADHD가 아니다'로 빠져나와서 그러면 어떻게 이 문제를 해결할 것인가를 고심했다. 원인을 찾고 해결 방법을 찾으려고 애를 썼다. 이것은 딜레마였다. ADHD라고 하자니 '뇌기능에 원래 문제가 있는 것이 원인이고, 치료제는 없고, 각성제를 먹여서 행동을 강제로 교정해야 한다'는 의사들과 교사들의 입장을 받아들여야 하는데, 그건 도저히 납득할 수도 수

용할 수도 없는 일이었다. 그렇다고 ADHD가 아니라고 하자니 우리 애가 왜 다른 아이들과 다른지를 설명할 수 없었다. 아무것도 아니라고 하기에는 너무나 분명히 다른 아이들과 달랐다.

그런데 생각해 보면, 어느 날 갑자기 이 프레임이 나한테 씌워진 것이고, 그날부터 나는 이 프레임 안에서 죽을 둥 살 둥 하고 있는 것 아닌가! 프레임 밖으로 나와서 보면 어떤 측면에서든 '대다수의 아이들과 다른' 아이들은 얼마든지 있을 수 있다. 예를 들어, '착하고, 수동적이고, 갈등을 피하고 싶어 하고, 말과 행동이 느리고, 소극적인' 특성을 가진 아이들을 모아서 어떤 병명을 붙인다면 어떻게 될까? '왕따 유발자'와 같은 부정적인 가치가 들어간 이름으로 분류해서 비정상으로 취급하면서 병원으로 보낸다면? 그래서 그 아이들이 비정상이 아니라는 걸 스스로 증명해야만 한다면? 이 무슨 말도 안 되는 일인가. 지금 ADHD에 관해 벌어지고 있는 일들이 정말 딱 이렇다.

나는 저 책들을 읽고서 우리 아이가 남달랐던 점들이 '문제'가 아닌 '재능' 또는 '능력' 때문이었다는 걸 알게 됐다. 호노스웹과 톰 하트만이 '특별한 재능'이라고 말하는 특별함 중 몇 가지를 아이는 분명히 가지고 있었다. 나는 이제 아이가 ADHD가 아니라는 것을 증명할 필요도 없어졌고, '우리 아이가 다른 아이들과 똑같아야 하지 않는가?'라는 걸림돌에 걸려 넘어질 이유도 없게 됐다. 내가 이 관점을 받아들임으로써 어떻게 아이를 이해할 수 있게 되었고, 그 이해를 바탕으로 어떤 선택들을 했는지, 그 선택들로 어떤 좋은 결과를 얻게 되었는지를 이제부터 얘기하고자 한다.

호노스웹은 ADHD라는 진단을 받게 되는 아이들이 공통적으로 가진 특별한 재능을 다섯 가지로 제시한다. 창의성, 사람에 대한 직관력, 정서적 민감성, 살아 있는 것에 대한 교감, 높은 에너지 수준이다. 남들보다 뛰어난 이 다섯 가지 특별한 능력으로 인해서 이 아이들이 특별해 보이는 것이고, 바로 그 특별함 때문에 이 사회에서 오해받고 고통을 받고 있다는 것이다.

이 다섯 가지 재능 중에서 '높은 에너지 수준'을 제외한 나머지 네 가지 재능은 우리 아이가 아주 어렸을 때부터 보여 왔고, 그래서 내가 익히 잘 알고 있는 것들이었다. 나는 라라 호노스웹의 책을 접하기 오래전부터 우리 아이가 가진 이런 능력들에 언제나 놀라워하곤 했다.

나는 그 특성(재능이나 능력이라고도 말할 수 있는)을 호노스웹처럼 네 가지나 다섯 가지로 구분해서 생각하지는 못했고, 다만 한 가지 맥락에서 그 특성을 이해하고 있었다. 그 하나의 맥락이란 내가 아주 가까운 사람들에게 우리 아이에 대해 말할 때 늘 했던 얘기처럼 '본질을 꿰뚫는 능력', '본질을 추구하는 방향성'이다. 겉으로 드러난 것과 관계없이 그 내면에 있는 것을 그냥 곧바로 봐 버리는('봐 버리는'이라고 표현하는 것은 아이가 의도하거나 원해서 그렇게 되는 게 아니라 자기 의지와는 상관없이 보게 되기 때문이다) 능력, 형식의 영향을 받지 않고 내용을 인식하고 이해하는 능력, 주의를 기울이지 않아도 어떤 일이 일어나고 있는지를 알아차리는 능력이다. 아이는 이런 것들을 논리 관계를 따져서 명확히 말로 설명할 수도 없고, 아이 자신도 그게 왜 그런 건지 알 수 없다. 그냥 있는 그대로 알아차려질 뿐이다.

창의적인 아이들

————

ADHD 아이들을 많이 만나 본 미국의 한 대안학교 교사는 "만약 ADHD라고 진단받은 어떤 아이에게서 창의성이 발견되지 않는다면 아마도 그 아이는 ADHD가 아닐 것"이라고 했다. ADHD 아이들이 창의적인 것이 아니라 창의적인 아이들이 ADHD 진단을 받게 될 가능성이 높다고 해야 맞을 것이다. 앞서 말했듯이, ADHD 진단이 내려지기까지의 과정은 맨 처음 아이에 대한 교사의 부정적 인식에서 시작되고, 거의 교사의 판단 그대로 진단이 내려진다. 창의적인 아이들이 ADHD로 진단받는 일이 많다는 것은 그만큼 학교교육에서 창의적인 아이들이 어떤 대접과 취급을 받고 있는지를 보여 주는 것이라고도 할 수 있다.

창의성이라는 것은 정해진 대로 하는 것이 아니라 새로운 것을 생각해 내는 능력이고, 남들이 하는 대로 하는 것이 아니라 나만의 고유한 것을 추구하는 성향이다. 창의적인 아이들은 놀 때도 늘 새로운 방식을 고안해 낸다. 같은 놀이를 해도 매번 똑같은 방식으로 하는 것에 싫증을 내고 "우리 한번 이렇게 해 보자"라는 말을 자주 한다. 창의적이지 않은 아이들은 이런 제안에 대해 "이거 원래 그렇게 하는 거 아니야"라는 반응을 보인다. 혼자 뭘 만들면서 놀 때도 매뉴얼대로 조립하는 장난감에는 흥미가 없고 자기 마음대로 만들고 변형시킬 수 있는 모래나 나무, 점토 같은 재료를 좋아한다. 또 혼자 몇 시간씩 공상에 빠져 있기를 좋아하고, 이야기를 지어내면서 노는 것도 좋아한다. 들이도 흙, 나뭇가지, 돌멩이만 있으면 하루 종일 재미나게 놀곤 했다.

예전에 게임기도 없고 장난감도 없이 온종일 골목과 공터에서 놀던 시절에는 창의적인 아이들이 인기가 많았다. 이렇게 해 보자, 저렇게 해 보자 하고 날마다 새로운 걸 만들어내는 아이들이 리더 격이었다. 그러나 완제품에 길들여진 오늘날의 아이들은 친구가 만들어 낸 작품의 엉성하고 투박함을 참지 못한다. 그런 걸 만들어 낸 아이가 굉장해 보이는 것이 아니라 오히려 "푸하하하, 이게 뭐야"라고 무시하고 놀려 먹기 좋은 대상이 된다.

창의적인 사람들은 매번 똑같은 결과를 내는 똑같은 절차를 반복하는 것을 견디기 힘들어한다. 그래서 창의적인 아이들은 학교에 들어가면 대개 학교생활에 흥미를 잃고 적응하기 힘들어한다. 학교교육은, 특히 초기의 교육은 반복을 통한 훈련에 초점이 맞춰져 있다. 같은 낱말을 열 번씩 써야 하고, 이미 덧셈을 할 줄 아는데도 더 능숙하게 하기 위해 덧셈 문제를 끊임없이 반복해서 풀어야 한다. 어떤 면에서는 한글 익히기와 덧셈 익히기라는 표면적인 목표보다도 반복 활동을 수행하도록 하는 데 더 큰 목적이 있다고 할 수 있다. "이미 다 알고 있는 걸 왜 계속 해야 돼요?"라는 질문을 하지 않고 무조건 지시에 따르고 복종하도록 하는 훈련이다.

이런 훈련이 잘못이라는 얘기가 아니라, 창의적인 사람들은 어쨌든 이런 훈련을 견뎌 내기가 몹시 힘들다는 얘기다. 견디기도 힘들고 잘 해내기도 어렵다. 학교에선 이런 훈련을 잘 수행하지 못하면 열등한 것으로 평가된다. 반대로 창의성이 없는 아이들은 그 '창의성 없음'으로 인해 별로 불이익을 당하지 않는다. 그래서 학교교육에서는 창의성 없는 아이들이 우수한 학생으로 평가될 수 있다.

창의적인 아이들은 "왜 꼭 그래야 돼요?", "그런데 그건 왜 그런 거예요?"라고 자꾸만 교사에게 묻는다. 그런데 그럴 때마다 불이익을 받게 되니까 나중엔 묻지도 않고 제 맘대로 해 버린다. 교사가 시키는 대로 하지 않고 자기 식대로 해 버린다. 이 아이들은 새로운 걸 만들어 내고 싶고 다른 방법으로 해 보고 싶고 그래서 실패를 하더라도 결과가 뻔한 일을 하기보단 신선한 실패가 낫다고 여긴다. 선생님한테 혼나더라도 그 고통이 그냥 시키는 대로 하는 고통보다 덜하다.

그러나 창의적인 아이들이 이 힘든 학교교육 과정을 무사히 견뎌낼 수만 있다면, 그래서 그 힘든 반복활동을 참고 견딘 대가로 필요한 도구들을 손에 넣을 수만 있다면, 나중에 이 아이들은 자기가 펼치고 싶은 꿈을 구체적으로 실현할 수 있는 막강한 힘을 가지게 된다. 학교교육이 요구하는 것들은 훈련을 통해 얻을 수 있지만 창의력은 훈련을 통해 얻을 수 있는 것이 아니다. 창의성이란 '창의력 교육'을 받는다고 해서 생길 수 있는 것이 아니다.

'주의산만'이라는 소리를 듣는 이유 천재성이나 창의성이 발휘되기 위해서는 반드시 필요한 것이 있다. 바로 '개방성', 즉 '열려 있는 상태'다. 틀에 박힌 생각을 하는 것과 반대되는 특성이다. 모든 가능성과 모든 방식에 열려 있는 상태, 일어나고 있거나 일어날 수도 있는 모든 일들에 주의가 열려 있는 상태를 말한다.

창의성에 동반되는 또 하나의 특징은 '유연성'이다. 주의가 열려 있는 상태에서 특별히 주의를 끌어당기는 어떤 자극이 있을 때 거기에 자연스럽게 의식이 끌려가도록 허용하는 특성이다. 예를 들어 수업시간에 선생님 말씀을 듣고 있는데 멀리서 들릴 듯 말 듯 새 지저귀는 소리가 들려온다. '개방성'의 특성을 가지고 있는 아이는 모든 것에 주의가 열려 있기 때문에 그 소리가 귀에 들어와 꽂힌다. 그리고 그 지저귐에서 일정한 패턴과 음률을 파악하는 데까지 주의를 집중할 수 있는 것은 '유연성' 때문이다. 개방성이 없다면 새소리가 귀에 들리지 않았을 것이고, 유연성이 없다면 새소리가 들린 데서 그쳤을 것이다. 사과가 나무에서 떨어지는 게 눈에 들어오는 건 개방성 덕분이고, 거기서 만유인력의 법칙을 깨달을 수 있는 건 유연성 덕분이다.

그런데 학교에서는 이런 창의적인 특성들이 '주의산만'이 된다. 수업에 집중하지 않고 새소리를 듣고 있으니까 주의산만이고, 나무에서 사과가 떨어지는 걸 보고도 멍하니 생각에 잠겨 있으니까 주의산만이 된다.

이럴 때 어른들은 대개 "정신 차려!"라고 한다. 그 '정신 차린' 상태란 옆이 보이지 않도록 눈가리개를 하고 정해진 레인을 따라 전력질주하는 경주마의 상태에 비유할 수 있다. 앞만 보고 달리는 것이고, 정해진 대로만 달리는 것이다. 창의적인 아이들은 이런 경주마가 될 수 없다. 이 아이들은 독창적이고 새로운 것을 추구하려는 방향성과 에너지를 가졌기 때문에 정해진 목표와 똑같은 방식에 묶여 있는 것을 견딜 수 없어 한다.

'아무것도 하지 않는 시간'의 중요성

창의적인 아이들은 아무 의욕이 없는 것처럼 보이기도 한다. 악기나 운동을 배워 보라고 해도 싫다고 하고, ○○체험 프로그램, ○○캠프 같은 데 가라고 해도 싫다 한다. 처음 한두 번은 기대를 가지고 가는데, 일단 경험하고 나면 다음부턴 안 간다고 한다. 분야를 바꿔도 마찬가지다. 부모가 생각하기에는 생태체험 프로그램, 문화체험 프로그램, 스키 캠프 이런 게 다 재미있고 신날 것만 같은데 아이가 왜 싫다고 하는지 이해하기가 어렵다. 책상에 앉아서 책 들여다보는 공부도 아닌데 왜 그럴까… 창의력이 있는 아이는 호기심도 많고 그렇다면 당연히 이런 활동들을 좋아해야 하는 게 아닌가….

왜 그런가 하면, 생태나 문화에 관심이 없는 게 아니라 뒤에 붙은 '프로그램'에 대한 거부감 때문이다. 창의적인 아이들은 이 '프로그램'이란 것에 아주 질색한다. 숲이나 갯벌을 싫어할 이유가 없다. 숲 체험 '프로그램'이니까 안 가는 거다.

프로그램이란 구조화된 활동이다. 시작부터 끝까지 정해진 순서가 있고 정해진 형식이 있다. 그 활동을 함으로써 성취해야 할 목표도 정해져 있다. 빡빡한 프로그램이 아니라 여유 있는 프로그램이라 해도 마찬가지다. 창의적인 아이는 이런 활동에 참여하고 있다는 그 자체가 압박으로 느껴진다. '창의력 향상 프로그램'이라는 부제가 붙었다면 그 말 자체로 모순이다. 창의력과 프로그램은 상극이다.

창의적인 아이들은 자기가 알아서 자유롭게 탐색하고 탐구하고 탐험하기를 원한다. 남이 정해 준 순서에 따르고, 남이 만들어 놓은 틀 속에 머무는 것 자체를 힘들어한다. 사실은 학교 일과만으로도 이 아이들은 충분히 지친다. 그런데 학교 끝나고 태권도학원이니 피아노학원, 논술학원같이 또다시 구조화된 활동 속으로 들어가는 것은 이 아이들 입장에서는 날마다 자기 한계를 시험하는 일이다. 만약 이 한계를 넘어설 만큼 많은 시간 동안 구조화된 활동에 참여하고 있다면 그 아이는 파괴적인 행동을 할 가능성이 있다. 강요된 구조를 그렇게라도 깨지 않으면 안 될 지경에 이르면 말이다. 부주의, 과잉행동처럼 문제가 되는 행동을 보이는 것은 구조화된 활동이 참을 수 있는 한계를 넘어섰기 때문에 거기서 벗어나려는 절박한 몸부림인지도 모른다.

들이가 초등학교 1학년 때, 수업시간에 다 하지 못한 과제를 방과 후에 교실에 남아서 하도록 한 것은 최악의 방법이었던 셈이다. 학교 일과가 끝났다는 것은 다른 아이들에게는 그저 기쁜 일일 테지만, 들이는 하루 종일 숨을 참고 있었던 것처럼 그 시간을 절박하게 기다리고 있었을 것이다. 그런 아이를 방과 후에도 교실에서 벗어나지 못하게 하고 그 시간을 더 연장시킨다는 것은 42.195킬로미터를 달려온 마라톤 선수 눈앞에서 결승점을 1킬로미터 연장하는 것만큼이나 도저히 견딜 수 없는 일인 것이다.

이 아이들에게는 학원에 보내지 않고 그냥 집에서 하는 일 없이 빈둥거리게 해 주는 것이 부모가 해 줄 수 있는 제일 좋은 일이다. 아무것도 안 시키고 그냥 혼자 놀게 하면 왠지 부모 노릇을 제대로 안 하는 것 같아서 마음이 불편하겠지만 그건 부모 생각일 뿐이다. 아이는 그런 시간을 간절히 원한다. 아이가 원해서일 뿐만 아니라 창의적인 아이들에게 그런 시간은 반드시 필요하다. 부모가 보기에는 답답할지 몰라도 창의적인 아이에게 아무것도 안 하면서 빈둥거리는 것은 대단히 중요한 창의적 활동이며, 그렇게 마음껏 게으르게 보낼 수 있는 시간이야말로 이 아이들의 창의성의 원천이 된다.

다양한 체험을 하게 해 주고 싶다면 아무 데도 참가하지 말고 부모가 개별적으로 아이를 데려가서 주도권을 아이에게 주고 아이를 따라가 주는 것이 좋다. 아이를 더 재미있게 해 주려고, 더 유익하게 해 주려고 부모가 뭔가를 계획하고 보여 주고 가르치려 들면 아이에겐 그 자체가 또 하나의 프로그램이 될 수 있다.

들이가 가장 힘들었던 시기를 생각해 보면 초등학교 1학년부터 3학년 때까지 학교 끝나고 방과후 교실 또는 피아노학원이나 보습학원으로 '뺑뺑이'를 돌던 때였다. 아이에게 뭘 가르치려고 그런 게 아니라 내가 퇴근하고 집에 도착할 때까지 아이를 혼자 두지 않기 위해 어쩔 수 없이 그렇게 했던 건데 들이는 그 생활을 몹시 힘들어했다. 들이는 그냥 혼자 집에 있게 해 달라고 했지만 아이가 너무 어려 그럴 수가 없었다. 만약 그때 학교 끝나고 곧바로 집에 와서 빈둥거릴 수 있는 환경만 됐더라도 들이는 학교생활을 그럭저럭 해 나갈 수 있었을 것이다.

아이가 당황하는 이유　　선생님이 질문을 하면 창의적인 아이는 당황하는 모습을 보일 때가 많다. 아이가 즉각 대답을 못하고 당황하는 걸 보고 교사는 수업에 집중하지 않고 있었거나 이해력이 떨어지는 아이라고 받아들이기 쉽다. 그러나 질문을 받고 당황하는 태도는 "더 높은 수준의 지적 능력을 반영하는 것일 수도 있다"고 호노스웹은 말한다. 아이가 질문을 받고 당황스러워하는 것은 자기가 받은 그 질문의 주제에 대해 아직 완전히 이해하고 있지 못하다는 걸 스스로 알기 때문이라는 것이다. '배운 것 이상의 무언가가 있다는 점을 인식하는 능력'은 창의력의 필수 요소인데, 창의적인 아이들은 이 능력을 갖고 있다는 것이다.

예를 들어, 이런 상황이 자주 벌어질 수 있다. 광합성의 원리에 대해 설명을 들은 다음 선생님에게 "들이 대답해 봐. 광합성이 뭐야?"라는 질문을 받으면 아이는 당황해서 어쩔 줄 모르다가, 그래도 대답하라는 재촉을 받으면 "그게… 어떻게 해서 그렇게 되는 건지 잘 모르겠어요"라고 할 수 있다. 광합성에 대해 완전히 이해하지 못했다는 뜻이지만 선생님은 "방금 설명했잖아. 수업시간에 딴 생각 하고 있을래?"라고 한다. 그리고 다른 학생에게 질문을 하면 그 학생은 "식물이 물과 이산화탄소를 이용해 태양빛을 받아 영양소를 합성하는 것입니다"라고 똑 부러지게 대답하고 선생님은 보란 듯이 그 학생을 칭찬한다. 그러면 "잘 모르겠어요." 했던 아이는 '그러니까… 그게 어떻게 그렇게 되는 건지를 모르겠다고…'라고 혼자 답답해하는 것이다. 이런 상황은 매일 벌어질 수 있다.

호노스웹은 "학교교육이 제공하는 구조화된 설명은 지나치게 단순화된 경우가 많다"고 말한다. "교사가 제시하는 구조화된 설명은 과잉단순화된 경우가 적지 않다. 학생들은 그러한 설명을 다 알아들은 것처럼 반응함으로써, 학생들과 교사들은 세계의 복잡성과 신비를 간단하게 설명하고 넘어가 버리게 된다."

도식화된 질문과 대답은 학문적 태도를 방해하는 가장 큰 요인일 수 있다. 그 질문에 대해 그렇게 대답하는 것이 정답인가? 정답을 정해 놓고 그 답을 맞추는 식의 학습은 제대로 된 학문적 태도와는 정반대의 방향으로 학생들을 몰고 간다.

사람을
꿰뚫어보는 아이들
—

내가 가장 크게 공감한 것은 바로 이 '사람에 대한 직관력'이다. 호노스웹은 이 능력을 '말해지지 않은 것을 인식하는 재능', 또는 '다른 사람의 정서를 읽어 내는 능력'이라고 표현했다. 어떤 사람이 말하고 있는 내용이 실제로 그 사람의 마음 속에서 일어나고 있는 것과 일치하지 않는다고 느껴질 때 이 아이들은 깜짝 놀란다. 그 사람의 말에 귀 기울이고 있지 않았는데도 화들짝 그 불일치가 느껴지는 것이다. 이 불일치가 감지되면 이 아이들은 그 사람의 말이 아니라 그 사람의 마음속에서 실제로 일어나고 있는 것에 주의가 집중된다. 겉으로는 전혀 주의를 기울이지 않고 있는 것처럼 보이는데 실은 그 자리에 있는 다른 어떤 사람들보다 그 사람의 마음에 집중되어 있다.

우리가 보통 말의 뉘앙스라든가 사전에 이미 알고 있던 논리 관계에 근거해 남의 마음을 넘겨짚는 것과는 다른 방식이다. 이 아이들은 다만 자기도 모르게 주의가 그쪽으로 이끌려지는 것뿐이고 그래서 자기도 모르게 그냥 알아지는 것이다. 알아내려고 주의를 집중하는 게 아니라…. 눈치가 빠르다거나 분위기 파악을 잘한다는 것과도 다르다. 보통 '눈치가 빠르다'고 하는 것은 어떤 상황에서의 의도나 필요를 재빨리 알아차려 그에 맞게 대처할 수 있다는 뜻인데, 그런 뜻에서라면 이 아이들은 눈치가 빠른 게 아니라 오히려 눈치가 없는 것이다.

내가 관찰하고 이해한 바로는 라디오 주파수 같은 것이 아닐까 싶다. 어떤 사람의 말이나 행동이 그 사람의 마음에서 일어나고 있는 감정과 일치하지 않을 때 아이는 그 불일치를 아주 강하게 느끼는 것 같다. 마치 라디오 주파수가 맞지 않을 때 '치지지지–' 하고 참기 어려운 소리가 지속적으로 들리는 것처럼, 아이는 그 불일치를 견디기 힘들어서 어쩔 수 없이 거기에 주의가 집중되는 것이다. 그래서 자기 주파수가 거기에 맞춰지면 곧 라디오에서 또렷한 소리가 들려오듯이 그 사람의 감정 상태가 또렷하게 들리는 것 같다. 그래서 말하는 사람 자신조차도 의식하지 못하고 있던 어떤 감정들이 이 아이한테는 마치 말로 듣는 것처럼 또렷하게 들리게 되는 것이다.

호노스웹은 이것을 '있는 그대로를 정확히 집어내는 직관적 지능'이라고 말한다. 결코 상대방에게 전해지기를 원치 않는 마음 상태를 읽어 내는 이 능력은 치료자나 상담자가 내담자를 깊이 이해하기 위해 갖춰야 할 자질이며, 이를 위해 끊임없이 수련하고 훈련한다고 한다. 프로이트는 이 직관력을 '제3의 귀를 가지고 경청하는 데 필요한 자질'이라고 했다. 상담자들이 훈련을 통해 갖춰야 할 자질이 이 아이들에게는 저절로 갖춰져 있는 것이고, 이 아이들은 이를 멈추고 싶어도 멈출 수 없기 때문에 일상생활이 피곤하고 힘들어지기도 한다.

무례한 말과 상황에 맞지 않는 행동을 하는 이유

상황에 맞지 않는 말이나 무례한 말을 불쑥 내뱉거나 적절치 않은 행동을 해서 곤경에 처하게 되는 경우가 있는데, 아마도 그런 상황의 대부분은 아이가 불일치를 견딜 수 없었기 때문일 가능성이 많다. 어떤 어른을 만났을 때 그 어른이 웃는 얼굴과 우호적인 태도로 아이를 대했는데도 아이가 불쑥 "아줌마 못생겼어요"라는 식으로 무례한 말을 내뱉는 경우가 있다. 이 아이는 그 사람에게서 아주 강한 불일치를 느꼈기 때문에 이런 반응을 보인 것일 수 있다. 가족들이 모인 자리에서 화기애애한 분위기가 이어지고 있는데 아이가 초조하고 불안한 행동을 보이거나 이유 없이 문제를 일으키는 경우에도 그 공간에 흐르고 있는 강력한 정서적 불일치를 아이가 견딜 수 없기 때문일 수 있다.

이 아이들은 이 강력한 직관력 때문에 사람들의 일상적인 말과 행동에서 위선이나 가식을 간파하고 그것 때문에 놀라고 혼란스러워한다. 심각한 의미에서의 위선이나 가식이라기보다는 우리가 흔히 하는 행동, 즉 진심이 담겨 있지는 않지만 서로 듣기 좋은 말을 하고, 다소 과장된 친밀감을 표현하고 화기애애한 분위기를 연출하는 것이 이 아이들이 보기에는 깜짝 놀랄 정도의 위선이고 가식으로 느껴질 수 있다. 그래서 누군가의 말을 듣자마자 "그거 아니잖아요." 하는 식으로 정곡을 콕 찌르기도 하고 온몸으로 거부의사를 표현하기도 한다. 이렇게 되면 부모는 이만저만 민망한 게 아니다. 상대방에게 사과하는 의미에서라도 아이를 호되게 야단치게 된다.

나는 아이가 아주 어렸을 때 이런 일을 경험한 적이 몇 번 있었는데, 처음에는 애가 왜 그러는지 모르고 당황했지만 키우면서 우연히 대처 방법을 알게 됐다. 아이가 깜짝 놀랐다는 걸 엄마가 재빨리 알아주는 것이다. 들이는 누군가에게서 강한 불일치를 느낀 순간에 당황해서 나를 쳐다보곤 했다. 아이가 그럴 때마다 재빨리 '네가 왜 그러는지 이해한다'는 메시지를 주면 아이는 곧 평온을 되찾곤 했다. 눈짓으로 어떤 표현을 하거나 살피는 것이 아니라 그냥 순간적으로 서로의 메시지를 깨닫고 아는 거다. 엄마가 알아준다는 걸 알고 나면 아이는 그 불일치에 의해 집중된 주의에서 풀려나는 것처럼 보였다. 왜 그런 건지는 나도 모르지만 경험적으로 볼 때 그건 확실해 보인다.

비유가 좀 그렇긴 하지만, 사람 귀에는 들리지 않는 음역대의 어떤 소리를 듣고 개가 짖었을 때 주인이 한 번 일어나서 주위를 둘러보고 다시 앉으면 개는 평온해진다. 그런데 주인이 무조건 개를 야단치면서 짖지 말라고만 하면 개는 더욱 불안해져서 안절부절못하고 더 크게 짖고 으르렁거리기까지 한다. 주인이 개의 의도를 알아듣고 그 상황을 알아차렸다는 표현을 하면 개는 주인을 믿고 안심하게 되는 것이 아닐까. 이와 마찬가지로 아이가 어떤 자리에서 내용과 형식의 강한 불일치를 느꼈을 때 엄마가 얼른 그걸 알아주고, "알았으니까 이제부턴 엄마가 알아볼게"라는 의사를 아이에게 전달하기만 해도 아이는 엄마를 믿고 평온해지는 게 아닐까 싶다.

다른 사람의 정서를 몸으로 체험하는 능력

호노스웹은 이 직관력 때문에 어려움에 처하게 되는 것을 '정서적 감염'이라고 표현한다. 다른 사람의 정서 상태가 정서적 직관력을 가진 아이에게 그대로 전달되어 일어나는 일이다. 상대방의 정서 상태가 그대로 아이에게 전달되고, 아이는 그 감정을 자기가 인식하기도 전에 먼저 행동이나 말로 표출하게 된다. 예를 들면, 아침에 시간에 쫓기며 출근 준비하느라 바쁜 엄마는 초조하고 불안하다. 그 정서 상태가 아이에게 그대로 옮겨져서 아이는 이유도 모르고 초조하고 불안정한 행동을 하게 된다. 조급해하고 성급히 굴다가 물을 엎지르고 옷을 버린다. 이것 때문에 화가 난 엄마의 감정은 또 아이에게 옮겨져서 아이는 이유 없이 동생한테 소리를 지르고 때린다든지 하는 분노 표출을 하게 된다. 엄마의 감정을 아이가 대신 몸으로 표현하는 것이다.

3학년 때 공개수업에서 들이가 한 행동도 그런 것이다. 공개수업을 완벽히 잘 해내고 싶다는 강한 의욕이 강박이 되고 혹시 실수를 할까 불안한 것이 선생님의 정서 상태였을 것이다. 이것이 그대로 들이에게 옮겨졌고 그래서 들이는 그 상태 그대로를 행동으로 나타낸 것이다. 뭔지는 모르지만 강박과 초조함이 손을 번쩍 들게 한 것이고, 무슨 일이 일어날까봐 불안한 정서 상태를 실제 상황으로 구현한 것이다. 선생님이 그렇게도 두려워했던, 만천하에 실수가 공개되는 방식으로….

다른 사람의 정서가 몸으로 체험되는 이 능력은 아이 자신을 아주 힘들게 하고 곤경에 처하게 하기도 한다. 느닷없이 어떤 감정에 휩싸이게 되는데 아이 자신도 왜 그런지 이유를 알 수 없기 때문이다. 전후 관계도 없고 아이 자신의 이유가 없기 때문에 아이는 그 감정을 인식하지 못하는 경우가 많다. 자기도 모르게 다른 사람의 감정에 휩싸여 불안이나 불쾌감, 분노를 표출하는 행동을 먼저 하게 된다. 자기의 감정이 아닌 것에 휩쓸려 있기 때문에 스스로 통제할 수 없다는 느낌에 압도당한다.

30명이 한 공간에서 생활하는 교실을 생각해 보면, 정서적 직관력을 가진 아이는 하루 종일 강한 정서 상태에 휩쓸려 지낼 수도 있다. 30명 중 누군가의 강한 감정이 이 아이에게 옮겨지는 일은 하루에도 몇 번씩 일어날 것이고 하루에 열 몇 번일 수도 있다. 이 자체만으로도 감당하기 힘든 일인데 더 힘든 것은 이로 인해 선생님으로부터 계속 야단을 맞게 되고 "도대체 왜 그러느냐"는 추궁을 받게 되는 것이다. 자기도 영문을 알 수 없는 행동에 대해 사과하라는 강요도 받고 벌도 받게 된다. 아이는 당연히 억울하고 혼란스럽다. 선생님이 없는 상황에서도 마찬가지다. 친구들 사이에서 이상한 아이 취급을 받는다. 다른 친구들이 보기에는 이 아이의 행동이 너무나 느닷없고 뜬금없기 때문에 "쟤는 왜 저래?"라는 반응이 나올 수밖에 없다.

아이 자신이 이 사실을 인지하기만 하면 그것을 행동화할 필요가 없어진다. 어떤 사람을 대했을 때 불편함이 느껴지면 '아, 내가 지금

이 사람의 감정에 주의가 집중됐구나'라고 아는 것만으로도 그 불편함에서 놓여나게 된다. 아무런 과정 없이 갑작스런 감정에 휩싸였을 때도 '이 사람이 화가 나 있구나', '이 사람이 불안하구나'라고 그 감정의 정체를 아는 것만으로도 그 감정에서 놓여날 수가 있다. 그래서 얼른 상대방에게 "화가 나세요?", "불안하세요?"라고 물어보라고 호노스웹은 권한다. 그러면 상대방이 아이를 대하는 태도가 달라질 거라고…

하지만 우리 사회에서는 아이가 이렇게 하면 버릇없다거나 당돌하다거나 괘씸하다고 느껴져서 여전히 밉보이고 혼나게 된다. 이 정도 질문만으로도 무례한 말을 불쑥 내뱉은 것과 같은 취급을 당할 수 있다. 그래서 내 생각에는 가능하면 그렇게 상대방에게 물어보지 않고 아이 혼자 속으로 생각만 하는 게 더 나을 것 같다. 부모가 옆에 있어서 얼른 알아주면 아이는 쉽게 감정에서 벗어날 수 있겠지만, 부모가 옆에 없는 경우라면 아이 혼자서도 할 수 있다. 난데없이 휩싸인 그 감정이 누구의 감정인지 그 정체를 확인하기만 해도 거기에서 풀려날 수 있는 것 같다.

그러나 아이가 스스로 느끼기에, 감정을 통제하기가 어려워서 결국 어떤 행동을 하게 될 것 같으면 그때는 상대방에게 말을 하는 것이 낫다. 그리고 자기가 느끼는 감정의 수위에 따라 그걸 말로 표현하는 게 나을지 아니면 그냥 참을 수 있을지를 아이 스스로 결정할 수 있어야 한다. 평소에 부모가 "그런 말 하면 못 써!"라는 식으로, 말하는 것을 나쁜 것으로 느끼게끔 했다면 아이는 말하는 것을 무조건 참으려고 할 것이고, 결국 참지 못하고 어떤 말이나 행동이 튀어나와 버렸을 때 낭패감을 느끼게 된다. 스스로를 통제하는 데 실패했다는 낭패감은 강한 감정을 증폭시켜서 더 과도한 행동을 하게 만들 수도 있다.

정서적으로
민감한 아이들

— 남들과 다른 수준의 정서적 민감성을 지닌 아이들 역시 ADHD라고 진단을 받기 쉽다. 호노스웹은 이 아이들이 가진 정서적 민감성의 수준에 대해 "훨씬 더 높이 맞춰진 음량의 세계에서 살아가는 것과 같다"고 표현한다. 음량을 20에 맞춰 놓고 가족들이 다 같이 TV를 보고 있는데 아이의 귀에만 그 소리가 40정도의 음량으로 들린다고 생각해 보라. 아이는 그 소리가 시끄러워서 견딜 수가 없을 것이다. 아이가 자꾸만 '소리가 너무 크다'고 불평하는데 나머지 가족들은 "우린 괜찮은데 왜 너만 시끄럽다고 그래!"라고 무시하고, 아이는 도저히 참을 수 없는 소리를 계속 듣고 있어야 하는 상황이 매일 매 순간 벌어지고 있는 것이다.

우리가 보통 '슬프다', '기쁘다', '화가 난다'고 하는 감정의 크기와 이 아이들이 느끼는 감정의 크기가 아예 차원이 다를 수 있다. 그 슬픔의 정도, 분노의 정도가 우리가 생각하는 것 이상이라고 봐야 한다. 그렇다면 우리가 아이에게 "왜 너는 참지 못해? 다들 그 정도는 참는데!"라고 말하는 것이 얼마나 부당한 일인지 우리는 다시 생각해 봐야 한다. "이게 그 정도까지 화낼 일이야?"라고 말하는 '그 정도'의 기준이 다른 것이다. 우리가 생각하는 '그 정도'를 아이가 못 참는 게 아니다. 아이와 소통하려면 아이가 느끼고 있는 감정의 크기를 이해해야 한다. 아이 기준으로 볼 때 그 정도 감정의 크기라면 이 정도 표현을 하는 것도 무리가 아닐 수 있다는 생각을 해 볼 필요가 있다.

아이가 보통 이해할 수 있는 수준 이상으로 과도하게 슬퍼하거나 거세게 화를 내면 부모는 당황한다. 그게 만약 누가 보더라도 '저럴 만한 일이다'라고 공감이 되는 상황이면 무슨 문제가 있겠는가. 그렇게까지 할 만한 일이 아닌데 감정의 도가 너무 지나치니까 문제가 되는 거다. 정서적으로 민감한 아이의 감정 표출 행동을 보는 어른들이 첫 번째로 느끼는 것은 당황스러움이고, 두 번째로 드는 생각은 '도저히 이해할 수 없다'는 것이다. 그래서 일단 아이를 제지하고 비난하게 된다. "지금 이게 그럴 일이야? 그만두지 못해!" 하지만 그럴수록 아이의 슬픔이나 분노는 더욱 거세진다. 자기가 이해받지 못하고 오히려 비난받고 있는 이 상황이 아이 입장에서는 도저히 이해할 수 없기 때문이다.

솔 직 하 게   공 개 하 기　　감정의 크기만이 문제는 아니다. 이 아이들의 정서적 민감성은 이 아이들로 하여금 다른 사람들이 볼 수 없는 것을 보게 하고 다른 사람들이 대부분 그냥 지나치는 것들을 느끼게 한다. 어른들이 으레 어린아이는 당연히 모를 거라고 생각하는 아주 미묘하고 복잡한 감정들까지도 이 아이들은 감지한다.

정서적으로 민감한 아이들은 마치 거짓말 탐지기와도 같다. 어른이 하는 말이 진실인지 아닌지 알아낼 수 있는 아무 정보도 가지고 있지 않지만, 그 말을 하고 있는 어른의 의도나 감정은 아이에게 실시간으로 읽힌다. 말 자체가 거짓말인지 아닌지를 밝혀낼 수는 없지만, 아이는 지금 자기에게 전달되고 있는 것이 진실인지 아닌지는 알 수 있다.

아이를 야단칠 때 어른들은 공정한 원칙과 기준으로 아이를 훈육하고 있다고 생각한다. 정말로 그럴 때는 아이도 기꺼이 그 훈육을 인정하고 받아들인다. 그러나 어른이 말로는 아이의 잘못에 대해 이야기하면서 실제 감정은 짜증이나 미움, 혹은 자기 권위의 손상에 대한 노여움 같은 것일 때 아이는 그걸 놓치지 않고 잡아낸다. 그리고 그 실제 감정에 상응하는 반응을 보인다.

아이에게 '당장' 뭘 하라고 하거나 '당장' 그만두라고 하면 아이는 절대 그 지시에 복종하지 않는다. 굳이 '지금 당장' 눈앞에서 하라거나 하지 말라고 하는 것은 그 일이 급박하기 때문이 아니라 명령하는 사람의 권위에 복종시키겠다는 의도가 있는 것이다. 그렇게 직접적인 명령으로 굴복시켜야만 하는 상황 자체가 이미 그 권위가 인정할 만하지 못하다는 의미이고, 아이는 그 명령을 듣는 순간 그것을 바로 간파하기 때문에 그 권위를 무시하는 방향으로 반응하게 된다. 물론 아이가 이런 것들을 머리로 생각해서 이렇게 하는 것이 아니다. 이 아이도 여전히 어린 아이일 뿐이다. 이런 생각을 논리적으로 하지 못한다. 그냥 직관적으로 느껴질 뿐이고 직관대로 행동하는 것뿐이다.

엄마가 아이를 못마땅해 하고 감정적으로 밀어내고 있으면서 말로만 "엄마가 너를 얼마나 사랑하는지 알지?"라고 하는 것은 아이에게 혼란만 줄 뿐이고 엄마와의 감정적인 거리를 더 생생하게 느끼게 할 뿐이다. 아이를 있는 그대로 인정하고 받아들이고 있지 않으면서 "누가 뭐래도 엄마는 네 편이야. 엄마 믿지?"라고 하는 것도 마찬가지다. '이 아이 키우기 너무 힘들어. 꾹 참고 견디다 보면 언젠가는 좋아질 수 있을까…'라는 엄마의 힘겨운 마음이 전해지기 때문에 이런 말을 들으면 아이는 더 큰 슬픔을 느낄지도 모른다.

아무 문제도 일으키지 않던 아이가 부모의 불화나 이혼, 부모 중 한 명이 집을 떠나는 등 가정에 큰 문제가 일어났을 때부터 갑작스럽게 부주의나 과잉행동, 감정 조절의 어려움을 보이는 경우가 많다. 눈에 보이게 이혼이나 별거를 하지 않더라도 부부 간에 심각한 갈등이 있거나 부모 중 한 사람이 극도로 우울할 경우에도 아이가 이런 행동을 보일 수 있다.

정서적으로 민감한 아이는 가족의 이런 심각한 문제를 못 느끼고 넘어갈 리가 없다. 아이가 어릴수록 그 아이에게 가정은 곧 세계다. 그 이상의 세상은 없다고 해도 과언이 아니다. 그렇기 때문에 가족의 해체나 불화는 어른들이 느끼는 것과는 비교할 수 없을 만큼 치명적인 위협을 아이에게 가하는 것이다. 심각하고 급박한 위협 앞에서는 누구나 이상행동을 보이게 된다.

집안에 무슨 일이 있을 때 아이한테 비밀로 하는 것을 대부분의 부모들은 아이를 보호하는 행위로 생각한다. 그러나 정서적으로 민감한 아이는 분명히 무슨 일이 일어났음을 직감으로 알고 있고 그게 뭔지 공개되지 않았기 때문에 훨씬 더 불안에 시달린다. 부모가 아이 모르게 하려고 아무리 세심하게 신경을 쓰고 노력해도, 그럴수록 아이는 점점 더 혼란스럽고 불안해질 뿐이다. 차라리 무슨 일인지 공개하고 나면 아이는 안심한다. 뭔지를 알고 나면 과도한 불안에서 벗어날 수 있기 때문이다.

정서적으로 민감한 아이는 겉으로 드러나지 않은 정서에 공감하는 능력이 있고, 특히 진실하지 않을 때 그것을 잡아내는 감각이 뛰어나기 때문에 부모가 자기에게 뭔가를 감추고 있음을 알아차린 것만으로도 몹시 당황스럽고 불안하게 된다. 벌어진 상황이나 감정을 부모가 솔직하게 말하면 아이는 그 사실을 알았다는 것 때문이 아니라 부모가 솔직하게 말했다는 것 때문에 안심한다. 분명히 뭔가가 있는데 아무 일도 없는 것처럼 행동하는 '불일치'가 해결됐기 때문에 안정을 찾는 것이다.

부당한 대접에 대한 분노　　정서적으로 민감한 아이는 자기가 부정되거나 과소평가될 때 이걸 탐지하는 능력이 뛰어나기 때문에 이런 상황에서 분노한다. 부모나 선생님이 자기를 어떻게 생각하는지, 어떤 아이로 취급하고 있는지를 다른 아이들보다 더 잘, 더 분명하게 알아차린다. 다른 아이들이라면 어른의 말 속에 숨은 뜻이나 태도 뒤에 감춰진 생각을 모르고 그냥 넘어갈 수 있는 상황에서 이 아이들은 그런 것들을 분명하게 이해하고 대단히 굴욕적으로 느낀다.

부모나 선생님이 내린 어떤 처분에 대해 '이건 단지 나를 나쁜 아이로 생각하기 때문에 이런 처분을 내린 것이고, 그렇기 때문에 이 처분은 공정하지 않다'라고 즉각적으로 느끼고 그걸 직설적으로 표현해 버린다. "사실은 나를 싫어하기 때문이잖아요", "선생님이 틀렸다는 걸 인정하고 싶지 않아서 그러는 거잖아요"라고 하거나(초등학교 1학년 아이가 실제로 말을 이렇게 한다) 아니면 이런 뜻을 강하게 전달하면서 분노에 찬 눈으로 노려본다거나 벌떡 일어나 나가 버린다거나 하는 반항적인 행동을 한다. 아이의 이런 행동은 부모나 선생님의 더 큰 부정적인 감정을 불러오고, 아이는 그 부정적인 감정을 온몸으로 격렬하게 표현하게 되면서 악순환이 이어지는 것이다.

이런 악순환이 되지 않게 하려면 분노를 행동으로 표현하는 대신 정확한 언어로 분명하게 자기 생각을 전달하는 게 더 낫다는 것을 아이가 알아야 한다. 어려서부터 부모가 아이의 이런 언어적 표현을 무시하지 않고 존중하고 받아 준 경우라면 아이는 저절로 이런 훈련이 잘 되어 있을 것이다. 만약 말로 해서는 부모가 귀 기울여 주지 않아서 아이가 몸으로 표현해야만 자기 의사를 전달할 수 있었던 경우라면 이제부터라도 아이가 몸 대신 말로 표현하도록 유도해야 한다. 행동 대신 말이 더 효과적이라는 것을 스스로 분명히 알게 되기만 하면, 아이는 그렇게 한다.

아이가 말이 더 낫다는 것을 알게 하려면 부모는 아이가 하는 말이 아무리 당돌하게 느껴지더라도 그 내용의 핵심과 맥락에 귀를 기울여서 그 말을 존중해 주고 인정해 줘야 한다. 집에서 이런 훈련이 된 아이는 밖에 나가서도 자기가 느낀 것을 무례한 행동 대신 당돌한 말로 표현할 것이다. 당돌하다 하더라도 어쨌든 행동보다는 언어로 의사표현을 하는 것이 낫다.

부모는 아이에게 '부모 아닌 다른 어른은 다르게 반응할 수 있음'을 알려 줘야 한다. 정확한 언어로 분명하게 말하는 것은 여전히 부정적인 반응을 불러일으킬 것이기 때문이다. 아이가 아무리 예의바르게 "선생님, 저는 이 처분이 부당하다고 생각해요. 선생님이 저를 싫어하기 때문에 전부 제가 잘못한 것처럼 생각하시는 거예요"라고 말한다 해도 아이들 앞에서 이런 말을 들은 선생님이 "아~ 그럴 수도 있겠구나" 하고 아이와 공정하게 토론해 주지는 않을 것이다.

부모는 이런 점을 미리 아이에게 충분히 알려 줘야 한다. 그렇게 예의바르게 말해도 선생님은 그 처분을 취소해 주지 않을 것이고, 오히려 선생님을 더 화나게 해서 더 큰 벌을 받을 수도 있다고 알려 줘야 한다. 다만 그렇게 말하지 않고 행동으로 표현했을 경우에는 선생님의 애초의 처분이 옳았다는 걸 확신하게 해 주는 증거가 될 뿐이라는 것, 그렇기 때문에 선생님의 처분이 부당하다는 걸 알려 주려면 행동 대신 말로 표현하는 수밖에는 없다는 것을 아이가 납득할 수 있게 해 줘야 한다.

아이의 분노에 대처하는 방법 모든 아이들에게 해당되는 얘기지만, 아이의 감정을 다룰 때 부모가 가장 흔히 저지르는 실수는 아이에게 감정을 억누르도록 가르치려 드는 것이다. 감정을 표출하는 것은 나쁜 것이고 억누르는 것이 좋은 것이라고 가르치는 것이다. 그러나 감정을 억누르려는 노력은 역작용을 일으킨다. 억누르려고 노력할수록 그 감정에 더 집중하게 되고, 통제하려는 의지와 통제하지 못할 것만 같은 낭패감의 힘겨루기가 감정을 더 자극한다. 그렇게 하다가 터진 감정은 훨씬 강력하게 폭발한다. 결국 감정을 통제하지 못했다는 실패감과 함께 한 순간에 통제를 놓아 버림으로써 로켓 발사 같은 추진력이 생기는 것이다.

감정이 압축되어 있지 않으면 폭발도 못한다. 폭발할 만큼 압력이 높아졌으니까 폭발하는 것이다. 평소에 아이가 느끼는 감정을 그때그때 표출하게 해 줬다면 폭발할 일도 없을 것이다. 평소에 아이가 감정을 표출하지 못하게 직접적으로나 간접적으로 막는 것은 부모가 폭발을 조장하는 것이나 마찬가지다.

아이의 감정을 그때 그때 즉시 인정해 주는 것은 어려운 일이 아니다. 그 당시는 작고 단순한 감정이라서 그 자리에서 그 정도의 감정을 표출하게 해 줘 봤자 정말 별 것 아니다. 대부분은 그냥 말만 몇 마디 나누고 가볍게 안아 주는 걸로 끝난다. 학교에서 있었던 일을 몇 시간 꾹 참고 왔다면 이보다 몇 가지 더 해야 되는 경우도 있다. 엄마한테 다 털어놓게 해 주고, 엄마가 한술 더 떠서 같이 욕해 주고, 소리 한 번 지르게 해 주고, 안고 다독다독해 주면 끝난다.

이렇게 간단한 일을 어렵게 만들어서 폭발로 몰아가는 것도 별 것 아닌 사소한 말 몇 마디다. 부모들이 별 생각 없이 습관처럼 하는 말

몇 마디가 아이를 감정 폭발로 몰고 간다. "넌 왜 맨날 그렇게 불평이냐.", "그렇게 생각하는 네가 잘못이지.", "네 잘못은 생각 안 하냐.", "글쎄 그게 왜 화가 나는 일이냐고.", "시끄러, 그만해.", "얘가 어디서 신경질이야.", "네가 그렇게 버릇없이 말하니까 선생님이 그러는 거 아냐.", "내가 너 그럴 줄 알았다."… 부모가 쉽게 해 버리는 말실수의 예는 끝도 없이 나열할 수 있다.

아이를 다룰 때 반드시 지켜야 할 기본원칙 중의 원칙이 선감정 후논리, 먼저 감정을 받아 주고 나서 나중에 판단하기다. 부모들은 아이 분위기가 뭔가 심상치 않으면 "속상해?", "화났니?"라고 묻지 않고 대개 무슨 일이냐 하고 묻는다. 그리고 전후사정을 파악하기 위해 이것저것 꼬치꼬치 묻는다. 이 과정에서 벌써 엇나가기 시작한다. 부모는 객관적인 상황을 알고 싶은 것이고, 아이는 감정이 아직 처리되지 않았다. 부모는 아이가 느끼고 있는 감정이 정당한 것인지 아닌지를 판단하려 한다. 아이는 이미 그 감정을 느끼고 있는데!

무조건 아이의 감정을 받아 주면 분별없는 아이가 될까 봐 부모는 잘잘못을 가려 주려고 한다. 그러나 현재 느끼고 있는 감정이 해소되지 않은 상태에서는 아이는 잘잘못이 가려지지가 않는다. 부모가 자기 감정을 인정해 주지 않고 있다는 것에 집중이 된다. 이미 느끼고 있는 감정을 어쩌란 말인가. 우선 감정부터 받아 주고 감정을 있는 그대로 인정해 주고 그 감정에서 놓여나게 해 준 다음, 그 감정이 일어나게 된 원인을 알아보고, 가르칠 것이 있다면 그때 가르치면 된다.

자연과 교감하는 아이들

—

ADHD라는 소리를 듣는 아이들이 교실 수업에 집중하기 어려워하는 것은 이 아이들의 집중력에 문제가 있어서가 아니라 교실 위주의 학교 수업이 이 아이들의 관심 분야를 전혀 다루고 있지 않기 때문이다. 이 아이들은 추상적이고 관념적인 개념보다는 실제 세계에 대해 훨씬 더 크고 강렬한 호기심을 가진다. 실제로 나무가 어떻게 성장하는지, 실제로 곤충이 어떻게 번식하고 생장하는지, 실제로 해가 어떻게 뜨고 어떻게 지는지, 실제로 동물이 어떻게 행동하는지 이런 것들에 깊은 호기심을 가지고 정말로 알고 싶어 한다. 학교 교육은 추상적 학습과 기계적 기억학습에 중점을 두고 있기 때문에 이 아이들은 학교 수업에서는 흥미를 느끼기가 어렵다. 현재 시행되고 있는 교육 방법과 학습 평가 방법이 이 아이들과 잘 맞지 않기 때문에 이 아이들이 마치 열등한 것처럼 보이는 것뿐이다.

들이는 대안학교 시절에 잠도 채 깨지 않은 채 선생님을 따라 깜깜한 모래밭을 걸어가 추위에 덜덜 떨며 목격했던 일출의 장엄함에 얼마나 감동했는지 지금까지도 얘기하곤 한다. 하늘빛이 신비롭게 바뀌어 가고 바다 위로 드디어 해가 솟아오르던 그 순간에 가슴이 울컥했다고, 선생님도 친구들도 모두 아무 말 없이 지켜보고 해가 다 뜨고 나서야 말을 했다고, 그 장면을 아마 평생 잊지 못할 것이라고.

들이는 그때까지 학교에서 이런 교육을 받아본 적이 없었다. 아무 사전 교육 없이, 아무 부연 설명 없이 자연의 장엄함을 직접 대면하도록, 대상으로부터 직접 배우고 교감하도록 하는 교육을 받아본 적이 없었다. 지구의 자전을 설명하면서 "자, 지금부터 해가 어떻게 수평선 위로 올라오는지를 놓치지 말고 잘 관찰해 봐. 속도가 얼마나 되는지도 잘 살펴봐." 하는 식으로 옆에서 가르치려 들었다면, 그리고 돌아와서는 관찰한 것에 대해 감상문을 써내는 숙제를 해야 했다면 들이는 그 장엄한 실제 세계와 자신이 직접 만나는 감동적인 경험을 할 수 있었을까.

초등학교를 그만두고 대안학교로 옮길 때 들이가 선택한 대안학교는 시골 마을 산자락에 있는 학교였다. 학교 뒤로 올라가면 전부 다 산이고 숲이어서 날마다 산을 넘어 다니며 놀고 숲속에서 하루 온종일을 보냈다. 대안학교의 교육 방법도 방법이지만, 그보다 먼저 그렇게 자연 속에서 지낼 수 있었던 게 들이가 그동안 받았던 상처들을 치유하고 회복하는 데 더 큰 도움이 되었다고 생각한다. 그래서 학교를 옮기려는 부모들에게 추천을 하자면, 도시에 있는 대안학교보다는 시골에 있는 공교육 학교를 더 추천하고 싶다.

아동행동연구가 페이버-테일러(Faber-Taylor)는 2001년 연구에서 ADHD 아이들이 자연에서 충분한 시간을 보낸 후에 더 집중하고 과제를 완수하며 지시에 잘 따른다는 사실을 밝혀냈다. 수업이나 과제와 같은 구조적인 활동을 하게 하려면 "이걸 다 하고 나면 밖에 나가 놀게 해 줄게." 하는 것은 효과가 없고, 반대로 먼저 충분히 밖에서 시간을 보내게 해 준 다음에 수업이나 과제를 하게 하는 것이 훨씬 더 효과적이라는 뜻이다.

이 연구에 따르면, 활동적인 시간을 보내는 것만으로는 충분치 않다. 예를 들어 실내 체육관이나 바닥이 포장된 운동장에서 놀도록 하는 것은 자연 속에서 시간을 보내는 것만큼의 집중력 개선 효과를 가져오지 못했다. 이 연구는 이러한 결과가 나타난 이유를 다음과 같이 설명한다. "자연은 노력을 기울이지 않아도 무심결에 주의를 기울이도록 촉진함으로써 '목적이 있는 주의(directed attention)'에 휴식을 제공하기 때문이다."

라라 호노스웹은 『ADHD 아동의 재능』에서 여기에 대해 이렇게 설명한다. "'목적이 있는 주의'는 한정된 것에 주의를 기울이는 능력이다. '목적이 있는 주의'를 사용하는 것은 마치 근육과 같아서 피로해진다. 휴식을 제공하는 자연에서의 활동에 의해 '목적이 없는 주의'가 촉진되어 아이로 하여금 '목적이 있는 주의'를 기울일 수 있게 해주는 것이다."

ADHD 아이들이 교실에서 수업시간에 창밖을 내다보고 있는 일이 많은데, 이것은 강제로 '목적이 있는 주의'를 기울여야만 하는 시간이 너무 오래 지속되기 때문에 아이가 중간 중간 그 억제로부터 자신을 놓아주는 행동으로 볼 수 있다. '목적이 있는 주의집중' 시간이 너무 오래 지속되면 '목적을 가지지 않은 자연'으로 아이의 주의가 자연스레 돌아가는 것이다. 그것은 아이가 수업시간을 무사히 견디기 위해 스스로 취하는 조치일 수 있다. 돌고래가 가끔씩 숨을 쉬러 수면 위로 올라오는 것처럼.

높은 수준의
에너지를 가진 아이들

—   과잉행동이라고 하는 것은 구
조화된 활동을 하는 데 문제가 된다는 것이다. 학교나 학원, 무슨 프
로그램 참가 같은 구조화된 활동에서는 정해진 활동 이상의 행동에
대해 '과잉'이라고 지적하게 된다. 자유로운 공간과 시간에서는 '과잉'
이 아니라 그저 활동 에너지가 많은 것뿐이다.

사회생활을 하는 어른에게는 높은 수준의 활동 에너지가 문제가
되지 않는다. 오히려 그것은 이점이 된다. 추진력이 있는 사람, 과감하
게 뛰어들어 열정을 불태우는 사람, 지치지 않고 왕성한 의욕을 보이
는 사람들은 사회에서 좋은 평가를 받고, 에너지가 없는 사람들에 비
해 실제로 많은 성과를 내기도 한다. 어른들의 사회에서는 활동 에너
지 수준이 낮은 것이 문제가 된다. 늘 피곤하고 의욕이 없고, 하고 싶
은 것도 없고, 움직이기도 싫고, 뭔가를 새로 시작하기는 더욱 싫고,
일상생활을 마지못해 꾸려 나가는 사람들…. 이렇게 만성피로에 시달
리고 우울증을 호소하는 어른들의 숫자는 계속해서 늘어간다.

이처럼 활동 에너지가 많다는 것 자체는 문제가 아니라 장점이다.
어른들의 세계에서는 명백한 장점으로 작용하는 데 반해 아이들에게
그렇지 못한 것은 두 가지 이유에서다. 아이들이 이 두 가지를 갖출 수
있다면 어른들과 마찬가지로 높은 활동 에너지를 명백한 장점으로 활
용할 수 있게 될 것이다.

첫째, 왕성한 활동 에너지를 스스로 통제할 수 있으면 된다. 자기

가 활동 에너지를 왕성하게 쓰고 싶을 때 쓰고 그렇지 않을 때는 쓰지 않는 것이다. 자기가 에너지를 쏟아붓고 싶은 곳에 아낌없이 쏟아붓고 그렇지 않은 곳에서는 에너지를 쓰지 않는 것이다. 이렇게 하기 위해서는 뭔가 이렇게 구분이 될 만한 일이나 장소를 만들어 줘야 한다. 학교에서 에너지를 쓰지 않고 참을 수 있을 만큼 집에 돌아와서 에너지를 마음껏 쏟아부을 장소와 일이 있어야 한다. 자전거 묘기를 익히는 데 흠뻑 빠져 있다거나 축구에 푹 빠져 있다면, 그리고 학교만 끝나고 돌아오면 해가 질 때까지 마음껏 그걸 할 수 있게 해 준다면 아이는 학교에서의 몇 시간을 기꺼이 참을 수도 있다.

둘째, 에너지가 생산적인 목표로 향해 있으면 된다. 즉, 에너지에 방향성과 초점이 있으면 된다. 넘치는 에너지와 왕성한 의욕을 가진 아이가 만약에 자기가 정말로 좋아하는 일을 찾아서 목표를 갖게 되면 이보다 더 좋을 수는 없다. 아이는 거기에 몰두할 것이고 남들이 쏟을 수 있는 열정의 몇 배를 쏟아부을 수 있을 것이다. 지금 당장 어릴 때 그런 생산적인 목표를 찾아야 한다고 조급해 할 일은 아니다. 자기 자신과 삶에 대한 건강한 태도를 갖고 자라기만 한다면 커 가면서 반드시 자기가 좋아하는 일을 찾게 되어 있다. 그걸 찾기만 하면 아이의 높은 에너지 수준은 명백한 장점이자 이점으로 작용할 것이다. 실제로 들이는 자기 자신에 대해 만족감과 자신감이 충만해지고 나니까 자기가 이루고 싶은 목표를 향해 엄청난 에너지를 쏟아부었다. 그때 들이가 보인 집중력과 에너지는 정말 놀랄 만한 것이었다.

라라 호노스웹이 말한 이 다섯 가지 재능은 사실 모든 아이들이 갖고 있는 재능이다. 타고난 그대로 놔두면 모든 아이는 창의적이고, 직관력이 있고, 놀랄 만큼 민감하다. 어린아이 시절을 떠올려 보면 정말 그렇지 않은가. 살아 있는 모든 것에 깊은 관심과 애정을 가졌고, 에너지 수준은 말할 것도 없었다. 그런 아이들이 자라면서 통제되고 규칙을 배우는 과정에서 에너지와 민감한 감수성을 점점 잃게 된다.

물론 통제에 따르고 규칙을 배우는 것은 사회의 일원으로서 당연히 필요한 과정이다. 통제에 따르는 훈련을 하는 과정 자체가 문제가 아니라, 창의성이 억압당하고, 직관이 부정되고, 민감성이 무시된다는 것이 문제다. 이를테면 우리가 살아가는 데 영어가 필요해서 영어를 배우는 것은 좋은 일이지만 영어를 배워야 하니까 한국어를 금지하는 건 잘못이다. 필요에 따라 여러 기능을 사용할 수 있도록 해야 한다.

사회와 학교 시스템의 편의성과 효율성, 권위와 경직성 때문에 아이들의 자연스런 본성이나 재능이 폄하되고 무시되고 심지어 강제로 거세된다는 것은 심각한 문제가 아닐 수 없다. 창의적이거나 직관력이 뛰어난 것이 나쁜 것이 아닌데도, 에너지가 넘치고 민감한 것이 잘못이 아닌데도 그런 것들로 인해 부정적으로 평가되고 불이익을 당하면서 아이들은 그런 재능들을 쉽게 잃어간다. 그렇게 쉽게, 빨리 자기 자신을 버리지 못하는 아이들이 고통을 겪는 것이다.

재능이 어째서 문제가 된 걸까?

스스로를 보호하기 위한
방어기제

———

'창의성', '드러나지 않은
것을 꿰뚫어보는 직관적 능력', '남들이 느끼지 못하는 것까지 잡아
내는 정서적 민감성', '자연과의 교감 능력', '높은 수준의 에너지'라는
장점을 가진 아이가 어째서 부주의하고 충동적이고 산만한 아이처럼
행동하는 것일까? 왜 그렇게 되는지 지금부터 살펴보자.

사람에 대한 직관력과 정서적 민감성을 지닌 아이들은 사람들이 자
기를 어떻게 생각하는지 너무나 적나라하게 알아차리기 때문에 고통
스러워한다. '나는 어떤 사람이다'라는 자기 이해가 아직 정립되지 않
은 어린 나이에 다른 사람들, 특히 자신에게 막강한 영향력을 행사하
는 부모나 교사가 자기를 어떻게 생각하고 있는지 여과 없이 알게 된
다는 것은 아이로서는 감당하기 어려운 일이다.

모든 아이들은 부모가 자기를 어떻게 생각하는지에 영향을 받아 자
기를 이해한다. 부모가 아이에게 "너는 정말 ○○한 아이야", "너 때

문에 정말 ○○다"라는 메시지를 주면(직접적인 말이 아니더라도) 아이는 정말 자기를 ○○한 아이로 생각한다. 활동 에너지가 많은 아이들은 어렸을 때부터 부모에게서 부정적인 피드백을 많이 받게 된다. 부모는 아이가 위험에 처하게 될까 봐 야단치기도 하지만 아이를 돌보는 일이 육체적으로 너무 힘들고 고단해서 "너는 정말 힘든 아이야.", "좀 수월한 아이였으면 얼마나 좋았을까"라는 메시지를 수도 없이 전달했을 수 있다. 이런 메시지를 그대로 알아차린 아이는 자기 자신에 대해 부정적인 인식을 갖게 되고, 그것은 몹시 고통스러운 일이다.

창의적인 아이들은 학교에 들어가서 갑자기 통제와 지시에 따라야만 하는 환경에 처하게 되면 선생님으로부터 부정적인 피드백을 받게 되고 이로 인해 열등감을 갖게 된다(다른 아이들도 부정적인 피드백을 받지만 정서적으로 민감한 아이가 느끼는 고통스러운 자각은 다른 아이들이 느끼는 것과 비교할 수 없을 만큼 깊을 것이다). 아이는 단지 지시대로 하지 않았다는 것 때문에 자기가 마치 능력이 떨어지는 아이처럼 취급되고 자기 가치가 과소평가되고 있다는 걸 알아차리고는 열등감과 함께 분노의 감정도 갖게 된다.

처음에는 이런 것들에 당황하고 저항해 보려고도 하지만 몇 차례 좌절을 경험한 뒤에는 그나마 남아 있는 자아존중감을 보호하려는 방향으로, 즉 방어기제를 작동하는 방향으로 나아간다.

모든 동물은 위험하거나 고통스러운 상황에 맞닥뜨리면 본능적으로 두 가지 중 한 가지 전략을 선택한다. 하나는 '맞서 싸우기'이고 다른 하나는 '물러서기'이다. 상대가 만만해 보이고 승산이 있어 보이면 맞서 싸우고, 그렇지 않으면 그 상황을 피하는 전략을 쓴다. 정신적인 고통에 적용하자면, '직면하기'와 '회피하기' 중에서 한 가지를 선택하는 것이다. 고통에 직면하지 않고 회피하는 것도 자신을 보호하기 위한 본능적이고 정상적인 전략이다.

아이는 선생님의 지시에 따라야 하는 상황이 될 때마다 선생님의 부정적 피드백이 예상되고 자신의 실패와 무능함을 확인해야 하는 것이 고통스럽기 때문에 고통에 대처하는 방법으로 '회피하기' 전략을 쓴다. 실제로 그 공간을 떠날 수는 없으니까 정신적으로 그 장소를 벗어나려고 한다. 몸은 그 자리에 앉아 있으나 주의를 그곳으로부터 떠나게 하는 것이다. 창의성의 특징인 개방성과 유연성은 이 전략에 도움이 된다. 교실 밖으로, 또는 상상의 세계로 얼마든지 주의를 돌릴 수 있고 거기에 집중할 수 있다. 처음에는 교사로부터 어떤 부정적 피드백이 예상될 때만 이런 전략을 쓰다가, 회피해야 할 고통이 점점 커져서 학교생활 자체가 고통스러운 것으로 인식되면 모든 수업시간에 습관적으로 이렇게 할 수 있다.

모든 과제와 활동에 무관심으로 일관하는 것도 자기를 보호하기 위한 본능적인 전략이다. 아이는 '할 수 없는' 게 아니라 '하지 않을 뿐'이란 걸 스스로에게 자꾸만 알려 줄 필요가 있다. 자기를 보호하기 위해서 '내가 열심히 했으면 잘했을 수도 있었다'는 가능성을 열어 두려고 하는 것이다. 이런 식의 패배적 대처 방식을 심리학 용어로 '자기불구화(self-handicapping)'라고 한다.

수업 활동을 위해서 꼭 가져오라는 준비물을 잊어버리고 그냥 가는 것, 필통이나 신발주머니를 잃어버리는 것, 가방을 잃어버리는 것 모두 이런 무의식에서 나오는 행동이다. 잊어버리거나 잃어버리는 물건들이 아무 연관이 없는 것 같지만, 사실은 모두 그것이 없으면 뭔가를 하지 않을 수 있을 것만 같은 물건들이다. 필통이 없으면 글씨를 쓸 수 없고 신발주머니가 없으면 교실에 들어갈 수 없다. 아이가 일부러 '실내화가 없으면 학교에 들어갈 수 없겠지?'라고 의식한 것이 절대 아니다. 아이는 그런 생각을 한 적이 없다. 자신을 보호하기 위해 무의식이 그렇게 하는 일이지 아이의 의식은 전혀 모르는 일이다.

안절부절 못하고 끊임없이 손이나 발을 움직이고 일어서서 왔다 갔다 하는 것이야말로 고통스러운 환경에서 도망치고 싶은 가장 본능적인 반응이다. 우리 안에 갇힌 동물이 극도로 불안하고 그 장소를 벗어나고 싶을 때 보이는 행동과 같은 것이다(아이가 그 정도의 고통을 참고 있다는 걸 생각하면, 사실은 이유를 불문하고 즉시 그 장소에서 벗어나게 해 줘야 하지 않을까 하는 생각이 든다). 쉼 없이 말을 하고 끼어들거나 나서는 것도 자기 존재가 인정받지 못하고 있다는 자각으로부터 도망치기 위해 그렇게 하는 것이다. 그곳에서 벗어날 수도 없으면서 동시에 자기를 거부하고 있는 그 공간에 계속 존재하는 일, 그런 자기 자신을 자각하는 일은 대단히 고통스러운 일이다. 그래서 그 자각으로부터 주의를 전환시키고 자기 존재를 끊임없이 환기시키는 것이다. 이것 역시 아이가 의식적으로 그렇게 하는 것이 아니라 무의식적으로 하는 행동이다.

자아존중감 회복이
열쇠다

—   이 모든 것들이 자아존중감과 관
련되어 있다. 자아존중감이란 자기 가치에 대한 긍정적인 인식이다.
자아존중감이 높은 사람은 자기가 다른 사람보다 특별히 열등하다고
느끼지 않지만 그렇다고 자기가 다른 사람보다 특별히 우월하다고 느
끼지도 않는다. 다른 사람을 무시하거나 자기가 다른 사람보다 우월하
다는 식으로 허세를 부리는 것은 자아존중감이 낮은 사람이 그 자각
으로부터 자기를 보호하기 위한 방편으로 취하는 태도다.

부모나 선생님이 자기 가치를 부정하고 있다는 인식은 아이 자신에
게 내면화된다. 자기 가치의 부정, 자기 존재의 부정과 맞서 싸워서 스
스로 자기 가치와 존재를 증명해 내는 일은 아이에게는 거의 불가능
해 보이는 일이다. 자기 가치를 증명해 보이려는 시도를 할 때마다 더
큰 부정과 거부를 경험하게 되면 그 학습 효과로 인해 '해 봐야 어차
피 안 된다'는 믿음이 굳어진다. 선생님한테 인정받으려고 해 봐야 어
차피 무시만 당하게 될 것이라는 믿음을 가진 아이는 아예 처음부터
선생님한테 밉보일 행동을 한다. 실패했다는 자각의 고통을 피하기
위해 스스로 실패를 구축한다. 자기 가치를 부정하는 것에 대한 부정,
자기 존재를 거부하는 것에 대한 거부로 나아간다.

만약 아이가 건강한 자아존중감을 회복할 수만 있다면 아이는 '자
기 부정에 대한 부정'에 에너지를 쏟는 대신 자기가 가진 능력을 발휘
하는 데 집중할 것이다. 고통을 회피하려고 하는 그 모든 행동들을 하

지 않게 될 테고, 그 대신 자기의 남다른 특성들을 긍정적인 방향으로
활용할 수 있게 될 것이다.

사냥꾼의 유전자를
가진 아이들

———   라라 호노스웹보다 앞서 톰 하트만
은 ADHD로 진단되는 아이들을 장애가 아니라 기질적 특성으로 봐
야 하며, 더 나아가 '인류의 진화'라는 관점에서 이해해야 한다는 주
장을 했다. 그는 이 아이들을 '사냥꾼의 유전자를 가진 아이들' 또는
'에디슨의 유전자를 가진 아이들'이라고 표현했다.

하트만은 이 아이들이 열정적이고 창의성이 풍부하며, 혁신적이고
새로운 자극에 쉽게 끌리고, 방관자처럼 굴거나 상식을 초월하고, 쉽
게 따분함을 느끼거나 충동적이며 모험적이라는 특징을 가지고 있다
고 말한다. 이런 특질들로 인해 이 아이들은 탐험가, 발명가, 발견자,
지도자가 되는 것이 자연스럽다는 것이다.

그는 ADHD 특징을 사냥꾼의 시각과 농사꾼의 시각에서 각기 다
르게 평가하는 관점을 제시한다. 농사꾼의 시각에서 볼 때는 '목적에
부합하는 장기 전략을 갖지 못하는' 것으로 보이는 ADHD의 어떤 특
징이 사냥꾼의 시각에서 볼 때는 '상황의 변화에 따라 언제든지 목적
을 바꾸고 신속하게 대처할 수 있는' 능력이 된다. 또 농사꾼의 눈에는
'한 가지 일에 꾸준히 집중하지 못하는' 문제로 보이는 것이 사냥꾼에
게는 '전체를 살피는 능력'으로 보인다.

하트만은 ADHD 아이들이 가진 이러한 특성들, 즉 '모든 것에 주의가 열려 있는 융통성과 개방성', '벌어진 상황에 즉각 반응할 수 있는 순발력', '기꺼이 위험을 감수하고자 하는 모험심과 용기'는 오늘날 성공한 CEO들이 보이는 특성과 비슷하다고 말한다. 인류는 6백만 년 이상 수렵생활을 해 왔고, 그 6백만 년 동안 '사냥꾼 기질'이라는 특성은 우월한 것으로 인식되었다. 인류가 농경생활을 시작한 것은 불과 1만2천 년 전부터다. 농경사회에서 산업사회까지는 '농사꾼 기질'이 우월한 것으로 인식되어 왔다. 그러나 6백만 년 동안이나 이어져 내려온 '사냥꾼 유전자'는 1만 년이라는 짧은 기간 동안 억압받기는 했어도 없어지지는 않는다. 그 유전자는 아직도 우리 인류에게 남아 있고, 환경의 변화로 인한 변혁기마다 '사냥꾼 기질'을 가진 개체들이 폭발적으로 나타나 변혁을 주도함으로써 인류 전체의 생존을 가능하게 해 왔다는 것이다. 이렇게 ADHD를 진화론적 관점에서 보는 학자들은 "부모나 교사들이 ADHD 아동들로 하여금 … 자신들의 장점에 대해 잘 깨달을 수 있도록 해야 한다"고 주장한다.

생태계에 어떤 변화가 일어나서 개체 수가 포화 상태에 이르면 갑자기 수컷만 태어난다든지 하는 식으로 '보이지 않는 손'에 의해 개체 수가 조절된다. 또 급격한 기후 변화나 환경 변화가 일어나면 살아남기에 유리한 형태나 기능을 가진 돌연변이들이 나타난다. 이것이 바로 진화가 이루어지는 방식이다. 이런 진화론적 관점에서 본다면, ADHD라고 불리는 독특한 특성을 지닌 아이들이 폭발적으로 나타나고 있는 것은 어쩌면 우리 사회가 어쩔 수 없이 다음 단계로 넘어가야만 하는 변혁기에 와 있기 때문일 수도 있다.

이런 변혁기에는 지금까지와는 전혀 다른 방식으로 대처해야만 살아남을 수 있고, 인류는 어쩌면 예로부터 그래왔듯이 이번에도 '사냥꾼의 후예들' 덕분에 무사히 다음 단계로 넘어가 생존하게 될지도 모른다. 이제 평생 직장은 사라졌고, 조직의 일원으로서 자기 자리만 잘 지키면 평생이 보장되는 시대는 끝이 났다. 시스템의 한 부품으로서 자기에게 주어진 과제를 우직하고 성실하게 수행해 낸다 해서 생존을 보장받을 수 없다. 목표는 수시로 바뀌고, 바로 전 세대에서 유용했던 전략은 이제는 쓸모없게 되어 버렸다. 이제 우리 중 누구도 우리 세대가 받은 교육을 그대로 자식에게 적용해서 그것이 반드시 성공할 거라고 장담할 수 없게 됐다. 이전 세대까지는 '자식 농사'라는 말이 적합한 말이었지만, 우리 세대는 자식 '농사'를 지을 수가 없는 세대다.

분명한 것은 20~30년 후에 어느 분야에서든 성공한 사람들은 아마도 거의가 다 '사냥꾼의 후예들'일 것이라는 점이다. 사냥꾼의 유전자를 가진 아이들이 학교 권력에 굴복해서 사냥꾼도 아니고 농사꾼도 아닌 이상한 뭔가가 되지만 않는다면, 타고난 사냥꾼 기질을 무사히 잘 지켜낼 수만 있다면 성공적으로 살아남는 자들은 아마도 이 아이들이 될 것이다.

III. ADHD로부터 아이를 보호하라

아이를 바라보는 시각의 문제

아이에게 절대적인
영향을 끼치는 부모

———

아이의 자아존중감에 절대적인 영향을 끼치는 것은 부모다. 부모가 아이에 대해 어떤 생각과 입장을 가지고 있느냐가 아이의 자기 인식과 행동을 전적으로 결정한다고 해도 과언이 아니다. 아이에게는 부모가 자기를 어떤 아이로 생각하느냐가 너무나 중요하고 큰 영향을 끼치지만, 부모는 아이 그 자체를 이해하려는 진지한 노력을 기울이기보다는 세상 사람들의 시선과 가치 기준에 쉽게 휩쓸리는 경향이 있다.

에너지가 많은 아이를 키우는 부모는 아이의 왕성한 활동을 감당하고 통제하느라 몹시 지치고 힘이 든다. 그래서 아이한테 쉽게 화를 내거나 아이의 인격을 비난하기도 한다. 이렇게 하면서 부모도 감정적으로 많은 어려움을 겪는다. 그러다가 아이 선생님으로부터 아이를 통제하기가 어렵다는 말을 들으면 부모는 선생님에게 적극적으로 동조하며 아이의 행동에 대해 사과하게 된다.

교사에게 적극적으로 동조한다는 것은 교사의 어려움을 충분히 이해한다는 입장이면서 동시에 '나 역시도 아이로 인해 많은 어려움을 겪고 있고' '내가 내버려둬서 아이가 이렇게 된 게 아니다'라는 메시지를 전달하는 것이다. 또 '교사인 당신이 대책이 없듯 나 역시도 대책이 없다'는 입장을 전달하는 것이기도 하다. 한마디로, '부모가 어떻게 키웠기에 애가 이 모양이냐'는 비난을 받지 않으려고 교사에게 동조하는 것인데, 바꿔 말하면 '나는 괜찮은 부모인데 아이가 원래 문제가 있다'라는 말이 된다.

이렇게 되면 부모와 교사의 입장이 일치하게 되고 부모와 교사의 연합이 이루어진 것이다. 교사와 부모는 옳고, 아이는 '원래부터 문제가 있고' '대책 없는' 아이가 되는 것이다. 아이에 대한 이런 인식을 교사와 부모가 공유하게 되면 아이는 자기 자신에 대해 더 부정적으로 생각하게 되고, 자기가 겪고 있는 어려움에 대해 호소할 곳도 도움을 받을 곳도 없게 된다. 아직 자기 자신에 대해 이해할 능력이 없는 어린 아이가 긍정적인 상호작용을 통해 자기 자신을 받아들이고 이해할 수 있는 통로가 없어지게 되는 것이다.

부모는 자신이 아무리 어려움을 겪고 있더라도 교사와 연합해 아이를 고립시켜서는 안 된다. 아이 편에 서 주지 못한다 하더라도 최소한 중립적인 위치에는 있어 줘야 한다. 분위기에 휩쓸리지 말고 잘 생각해 봐야 한다. "부모님은 훌륭하신데 아이가 엉망이네요"라는 교사의 시선이 부모인 나에게 위안이 될 리 없지 않은가. 엄마인 나는 선생님한테 좋은 인상을 주고 훌륭하다는 칭찬을 들어야 안심이 되는 참한 여고생으로 그 자리에 앉아 있는 게 아니다. 나는 내 아이의 부모로서 교사를 만나고 있는 것이다.

학교에 지나친 권위를 주는 것은
위험할 수 있다
—

학교에서 선생님으로부터 아이에 대해 어떤 의견을 들으면 부모는 거기에 지나치게 큰 권위를 부여하는 경향이 있다. 교사는 아이 교육에 관한 전문가이고 부모는 그렇지 않으니까 교사가 더 옳은 판단을 하고 있을 거라고 과도하게 믿는 것이다. 물론 교사의 권위를 인정하는 것이 나쁜 것은 아니다. 그러나 아이에 대한 교사의 인식이 아이 자신과 극명하게 배치될 때, 부모가 자기 입장 없이 무조건 교사의 권위에 힘을 실어 주는 것은 위험한 결과를 가져올 수 있다.

호노스웹은 이런 예를 든다. "오랫동안 세상에서 가장 권위 있는 천문학자들은 지구가 우주의 중심이라는 관점을 가지고 하늘을 탐구했다. 비록 그들이 전문가였지만, 그들의 근본적인 세계관은 잘못된 것이었고, 따라서 그들은 자신들의 판단과정에서 많은 오류를 범했다."

이렇듯 어떤 패러다임에서 보느냐에 따라 그 권위는 효력이 있을 수도 있고 전혀 없을 수도 있다. 교사나 의사가 얼마나 많은 지식과 경험을 가지고 있는지는 중요하지 않다. 그들이 아무리 엄청난 권위를 가지고 있다 하더라도 그들이 기반하고 있는 패러다임 자체가 잘못됐다면 내 아이에 대한 그들의 판단과 인식은 믿을 만한 것이 못 된다.

중요한 것은 어떤 패러다임에서 아이를 바라보는 것이 본질적으로 옳은 일인가이다. 그리고 그 판단과 선택은 부모가 해야 할 일이다.

아이를 지지하는 부모, 아이 때문에 사과하는 부모

사실 부모들이 가장 흔히 걱정하는 것은 학교에서 아이가 받게 될 불이익이다. 부모가 교사의 심기를 건드리고 교사와 맞서는 방향에 서게 되면 교사가 오히려 아이를 더 미워하고 핍박하지 않을까 하는 걱정이다. 물론 그럴 수 있다. 그런 이야기들을 주변에서 많이 듣기도 했다.

나는 두 가지를 다 해 봤다. 1학년 때는 선생님에게 무조건 죄송하다고 하고 집에 와서 아이를 다그쳤다. 우리 아이 때문에 힘들다고 하는 선생님에게 진심으로 송구스러워하고, 아이가 보는 앞에서 선생님께 사과도 했다. 하지만 그런다고 해서 아이가 '아, 우리 엄마가 나 때문에 선생님에게 죄송하다고 하는구나. 내가 정말로 잘못하고 있구나' 느껴서 행동의 변화를 보이는 일은 일어나지 않았다. 그렇다고 선생님이 내 태도를 보고 '아, 이 엄마는 제대로 된 생각을 가지고 있구나. 내가 이 아이를 좀더 이해해 줘야지' 하고 아이에게 특별히 깊은 관심을 가져줘서 아이의 학교생활이 나아지지도 않았다. 내가 한 사과는 누구에게 어떤 유익이 있었을까? 아이가 잘못이라는 데 학부모가 동의한 것이니 일단 선생님 입장은 편안해졌을지 모른다. 나는 엄마로서 반듯한 도리를 아는 사람이라는 걸 알렸으니 체면이 선 건가?

어쨌든 내 체면이 선 대가로 아이는 엄마가 자기를 잘못된 아이라고 생각한다는 걸 확실히 알았다.

2학년 때부터는 학교 선생님이든 공부방 선생님이든 누구에게든 아이와 관련해서 사과하지 않았다. 아이에 대한 선생님의 처우가 지나치게 부당하다고 생각되거나 아이 개인에 대한 좀더 깊은 이해를 요구해야 될 때는 선생님을 만나서 요구하기도 했다. 학교와 싸워 보자는 태도가 아니라 내가 우리 아이를 믿고 지지하고 있다는 입장을 분명하게 전달하는 게 목적이었다.

실제로 이런 일을 해 보기 전에는 마치 선생님과 싸우게 될 것만 같고, 그러면 일이 커질 것 같고, 우리 아이에게 더 큰 불이익이 돌아올 것 같은 두려움이 많이 들었다. 그러나 학교 선생님을 상대로 옳고 그름을 가리자는 게 아니고 정말로 내가 부모로서 아이에 대해 깊은 이해와 관심을 가지고 있고, 아이를 긍정적으로 받아들이고 있고, 지지하는 입장임을 전달하는 게 목적이니까 그 목적의식만 분명히 한다면 나쁜 결과를 낳지는 않을 거라고 생각했다.

선생님은 방어적인 입장이었지만 그래도 걱정했던 것만큼 크게 반발하지는 않았다. 사실 '선생님이 어떻다'는 게 아니라 '내가 어떻다'고 말하는 데 대해서 선생님이 뭐라고 할 수는 없는 일이다. 목적을 분명히 하면 감정싸움으로 가지 않고 분명히 전달할 것만 전달하고 끝날 수 있다.

학교 선생님에게 이런 입장을 분명하게 전달하는 것은 꼭 필요한 일이다. '아이가 학교에서 어떤 대우를 받더라도 전부 다 제 자식 잘못입니다'라는 입장이 아니라는 것, 부모가 깊은 관심을 가지고 늘 지켜보고 있다는 것, 그리고 부모가 아이를 인정하고 지지하고 있다는 것을 선생님이 분명히 알도록 할 필요가 있다. 우리 문화에서는 학교에 대해 부모가 이런 입장을 가지는 것이 마치 '제 자식 귀여운 줄만 아는' 무식한 부모처럼 여겨지기도 하지만, 무식한 것은 방법이나 태도이지 부모의 입장 자체가 무식한 것은 아니다.

부모가 학교에 대해 이런 입장을 명백히 표현하는 것은 아이에게 더 큰 긍정적인 영향을 미친다. 아이는 부모가 자기와 같은 편이라는 걸 확실히 알게 되고, 부모가 선생님에게 말한 것같이 정말로 그런 아이라는 걸 선생님에게 보여 주기 위해 노력하게 된다. 설령 학교에서 그게 먹히지 않는다 할지라도 아이의 내면에서는 그런 일들이 일어난다. 부모와의 관계가 달라지고 그게 모든 해결의 시작이 될 것이다.

모든 아이들은 자기를 대하는 부모의 태도를 내면화한다. 부모가 자기를 어떤 아이로 생각하느냐가 곧 아이의 자기 인식이 된다. 부모가 아이를 어떤 태도로 대하느냐가 곧 아이가 자기 삶을 대하는 태도가 된다. 부모가 아이를 인정하고 존중하는 태도로 대하면 아이도 자기 자신을 있는 그대로 인정하고 존중한다.

부모가 아이를 보호하기 위해 뭔가를 감수하면서까지 노력한다는 걸 알면 아이는 부모가 보호하려고 노력하는 자신, 그토록 보호할 만한 가치가 있는 자기 자신을 입증하기 위해 자기 스스로도 뭔가를 감수하면서 노력하게 된다. 자기를 보호하려는 부모의 노력이 옳다는 것을 다른 사람들에게 입증해 보이기 위해, 그들이 틀렸다는 걸 입증하기 위해서라도 부모와 한 편이 돼서 적극적으로 협조하게 된다.

아이가 자기 자신을
믿을 수 있어야 한다

＿＿　　　　　　　　　학교에서 지내는 시간이 힘들고
학교에서 받는 부정적 피드백이 많을수록 아이에게는 부모의 이해와
지지가 더욱 절실하다. 학교에서 열등하고 이상한 아이 취급을 받더
라도 부모가 자기를 그렇게 생각하고 있지 않다는 걸 확실히 알면 아
이는 자기가 당하는 취급과 자기 자신을 분리해서 받아들일 수 있게
된다.

　부모까지 포함해서 모두가 다 자기를 열등하고 이상한 아이라고 생
각한다면 아이는 그 사실을 받아들여야만 하는데 그 사실을 받아들
이기 고통스러우니까 부주의, 산만함, 무관심, 무기력, 과도한 움직임
같은 행동으로 '회피하기' 전략을 쓰는 것이다.

　차라리 아이가 고집을 부리고 반항적인 태도를 보인다면 오히려 긍
정적으로 해석할 만한 일이다. '자기신뢰감'의 표현일 수 있기 때문이
다. 즉, 자기 자신이 어떤 아이라는 걸 알고 있다는 뜻이고, 그런 자기
에 대한 이해나 대우, 처분이 부당하다고 느껴질 때 고집을 부리고 반
항을 한다. 이런 태도를 보이지 않는 아이는 자기가 받는 취급 그대로,
자기도 스스로 못났다고 여긴다.

　자기신뢰감에 '자기효능감'까지 더할 수 있으면 아이는 '회피하기 전
략'을 사용해 빠져나가거나 고집이나 반항으로 저항하는 대신 긍정적

이고 생산적인 방향으로 노력할 수 있게 된다. 자기효능감이란 '내 삶을 내가 어떻게 해볼 수 있을 것 같다'는 신념이나 태도다. '내 삶의 주도권이 나한테 있어서 내가 노력하기만 하면 내가 원하는 방향으로 삶을 끌고 갈 수 있을 것 같다'는 생각이다. '내가 노력한다고 그게 되겠어? 어차피 안 될 텐데'라는 생각과 반대되는 사고방식이다.

부모가 여기까지만 끌고 나와 줄 수 있다면 그다음부터는 아이 스스로 자기를 증명해 내고 자기를 실현해 나갈 수 있다. 여기까지, '자기신뢰감'과 '자기효능감'까지 끌고 나와 주는 게 부모가 할 일이다.

그래서 부모는 아이에게 '이 세상 누가 뭐라고 해도 나는 흔들리지 않고 네가 어떤 아이라는 걸 분명히 알고 있다'는 메시지를 줘야 한다. 그러면 아이도 자기가 어떤 아이라는 것을 놓치지 않고 분명히 잡고 갈 수 있다. 부모가 '세상이 그렇다면 할 수 없는 거야. 네가 거기에 맞춰야 해. 어쩔 수 없어'라고 하는 대신, 어려움을 무릅쓰고 아이를 지지해 주고 지켜 주려고 노력하는 모습을 보이면 아이는 자기도 세상 속에서 자기를 지키면서 드러낼 수 있는 방법을 찾으려는 긍정적인 노력을 하게 된다.

ADHD 진단 자체가 끼치는 부정적 영향
———
부모가 선생님 말만 듣고 아이를 병원에 데려가 의사를 만나게 하고 ADHD라는 진단을 받고 약을 먹게 하는 것은 아이에게 최악 중 최악의 선택이다. 이제 아이는 자기 자신을 어떻게 이해하고 받아들여야 할 것인가.

부모가 아침마다 아이에게 약을 먹으라고 내미는 행위는 '너는 원래부터 이상한 아이라는 게 확인됐어', '네가 그렇게 이상하게 행동했던 게 알고 보니 원래 이상한 아이여서 그랬던 거야', '너는 너 자신을 네 의지로 조절할 수 있는 능력이 없어. 그래서 약을 먹어야 하는 거야', '약의 힘이 아니고서는 너 자신을 통제할 수가 없어' 이런 메시지를 직접적으로 아이한테 주는 것이다. 이런 메시지를 받은 아이는 어쩌면 〈파워레인저〉에 나오는 괴물들을 떠올릴지도 모른다. 사실은 자기 의지도 아니면서 파괴적인 행동으로 사람들을 괴롭히고 세상에 해를 끼치는 우둔한 괴물들을…. 그런 괴물들과 자기 자신을 동일시하게 될지도 모른다.

다른 사람도 아니고 부모가 자기를 그런 존재로 여긴다는 데 대해 아이는 절망하고 고통스러워 할 것이다. 다른 누구보다도 부모에게 가장 분노할 것이다. 부모에게 직접적으로 표현을 하든 안 하든…. '부모가 나를 괴물로 생각한다'는 사실에 분노하면서도 아이는 부모가 자기를 괴물로 생각한다고 믿는 바로 그 괴물을 자기 안에 내면화한다. 한번 상상해 보라. 아이의 내면은 처참한 전쟁터가 될 것이다.

아이가 자기 자신을 신뢰할 수 없게 된다는 것도 큰 문제가 아닐 수 없다. 어떤 행동을 하든 아이는 그 행동이 자기 자신의 행동인지 아니면 자기 의지로 통제할 수 없는 괴물(약에 의해서만 통제될 수 있다는 그 괴물)의 행동인지 알 수 없게 된다. 또 자기가 이룬 성과에 대해서도 그것이 자기 노력의 결과물인지 아니면 약에 의해 조종된 행동의 결과인지 알 수 없게 된다. 즉, 자기 자신이 누군지 알 수 없게 된다.

아이의 특성을
긍정적으로 받아들여야 하는 이유

—— '주의력 결핍 과잉행동 장애'라는 병명으로 아이를 규정하는 것과 '창의성', '직관력', '정서적 민감성'과 같은 재능으로 아이를 이해하는 것은 하늘과 땅 차이의 결과를 가져올 것이다. 아이를 있는 그대로 인정하고 이해하고 아이가 가진 자질을 최대한 발휘할 수 있도록 진심을 다해 도와주려는 의지를 가진 부모의 노력은 그에 맞는 결과를 낼 것이고, 아이가 겉으로 드러내는 행동이 규격에 맞지 않는다고 해서 눈에 보이는 것만을 인위적으로 통제함으로써 원하는 모습에 끼워 맞추려는 편의적인 태도를 가진 부모의 노력은 또 거기에 딱 맞는 결과를 낼 것이다.

아이가 보이는 문제행동 자체를 통제하는 것을 목적으로 삼으면 그 행동은 통제될지 모르지만 또 다른 문제가 발생할 것이다. 여기를 막으면 저기가 터져나가고 저기를 막으면 또 다른 데가 터진다. 문제행동이 나타난 원인을 찾아내고 그 원인을 초래한 환경과 자질의 상호작용을 진지하게 파헤쳐 봐야 한다. 문제의 본질을 이해하고 그 이해의 바탕 위에서 다른 세부사항들을 조율해 나가야 한다.

문제행동의 원인과 과정을 다시 정리해 보면 다음과 같다.

문제행동의 원인과 과정

문제행동은 주의집중 곤란, 학습과제 수행의 어려움, 지시와 규칙에 따르기 어려움, 체계적으로 수행하기와 끝까지 완수하기의 어려움, 산만한 행동, 충동적이거나 돌발적인 행동, 상식에 맞지 않는 행동 등이다. 문제행동의 원인은 자아존중감의 손상일 수 있고, 그에 대한 방어기제로 여러 문제행동이 나타난 것일 수 있다.

아이가 처한 환경과 아이가 가진 자질의 상호작용 과정은 다음과 같다.

* 아이는 창의적인 특징, 즉 창의성, 개방성, 유연성을 가지고 있다. 학교의 교육목표와 교육방식, 평가기준이 아이와 맞지 않는다. ➡ 그로 인해 아이의 시도나 노력들이 실패로 규정되고 열등한 것으로 평가되었을 수 있다. ➡ 이 과정에서 아이는 표면적으로는 열등감을, 본질적으로는 부조리함을 깨닫고 그로 인해 혼란이나 분노를 느꼈을 수 있다.

* 아이는 정서적 직관력과 민감성을 가지고 있다. ➡ 교사의 지시와 규칙이 본질에 부합되지 않는다는 것을 아이가 간파했을 수 있다. ➡ 아이의 태도에 대한 교사의 부정적 피드백이 아이의 자존감을 손상시켰을 수 있다. ➡ 그로 인해 아이가 자기 자신을 보호하려는 회피하기 전략으로 문제행동을 보인 것일 수 있다.

* 교사와 부모의 부정적 인식에 영향을 받아 부정적 자기 인식이 확고해졌을 수 있다. ➡ 패배적 대처 방식으로서의 부정적인 행동이 습관화되었을 수 있다.

아이의 자기 인식이 달라지면
모든 것이 달라진다

—— 긍정적인 자기 인식을
갖게 되면 아이가 달라질까? 달라진다! 자기 인식의 틀이 달라지면
부정적인 자기 인식으로 인한 고통이 사라지고, 학교에서의 부정적인
피드백에 대해서도 덜 고통스럽게 느낄 수 있다. 따라서 과도한 방어
기제를 사용할 필요가 줄어들게 된다.

여전히 자기를 무시하고 오해하고 과소평가하는 선생님과 학교 시
스템에 대해 부당하다고 느끼고 분노할 수 있지만, 긍정적인 자기 인
식과 자기신뢰감이 있기 때문에 그 분노가 더 이상 자기 자신을 향하
지는 않게 된다. 게다가 부모와의 유대와 신뢰가 탄탄하다고 느낀다면
아이는 부정적인 피드백이 예상되는 상황에서 분노를 표출하지 않고
조절할 수 있다. 몇 시간 후면 집에 돌아가서 엄마한테 얘기할 수 있고
엄마는 분명히 이 감정을 해결해 줄 테니까.

이 신뢰를 유지하는 것이 제일 중요한 일이다. 아이가 부모에 대한
강한 신뢰를 가지고 그것을 붙잡고 버틸 수 있도록 해 줘야 한다. 아이
의 감정을 그대로 인정하고 받아 줘야 하고, 필요하다면 기꺼이 아이
의 대변인 역할을 해 줘야 한다. 철저히 아이 편에 서서.

아이가 부모를 신뢰하기만 한다면 아이는 부모가 정해 준 한계를
기꺼이 지키려고 노력한다. 모든 아이들은 자신이 너무 많은 권한을
가지면 불안해한다. 너무 넓은 영역이 주어지는 것도 불안해한다. 모
든 어린 생명체에게는 안전이 최고의 가치다. 어린아이도 마찬가지로

자유보다는 안전을 더 중요하게 생각한다. 그래서 강한 힘을 가진 부모에게서 보호받고 싶어 하고, 그 부모가 설정해 준 한계 안에서 자유롭기를 원한다.

아이가 부모가 정해 준 한계를 지키지 않는 것은 부모를 신뢰할 수 없다고 판단하는 경우다. 신뢰할 수 없다면 그 부모는 안전하지 않다고 느껴지는 것이다. 부모의 생각이나 태도에 일관성이 없거나 부모 자신이 불안해하고 있거나 부모의 감정이나 일상생활의 기복이 클 경우 아이는 부모에게서 신뢰를 거둔다. 또 부모가 자기를 사랑하지 않는다고 느끼거나 자기를 부정한다고("너 같은 아이 말고 다른 아이였으면 얼마나 좋았을까" 같은…) 느끼는 경우에도 부모를 신뢰하지 않는다. 아이가 느끼기에 이런 부모는 안전하지 않기에 그 부모가 설정해 주는 한계는 효력이 없다.

부모의 자기 직면
——

나는 그때까지 스스로 신뢰할 만한 엄마라고 생각해 왔고 부모로서 최선을 다하고 있다고 믿었다. 그런데 그건 그냥 내 입장에서 최선을 다한 거였지 아이 기준에서 볼 때는 그렇지 않았다는 걸 깨닫게 되었다.

이혼을 하고 3년이 지나도록 아이한테는 아빠가 출장 갔다고 거짓말을 했고, 방향도 없고 미래도 없이 하루하루 삶을 견디고 있으면서도 겉으로는 아무 일 없는 척, 괜찮은 척했다. 나는 그렇게 하는 게 최선을 다해 아이를 잘 키우고 있는 거라고 믿었다. 그리고 내가 이렇게 모든 걸 '훌륭하게' 감당하고 있으니 당연히 아이가 거기에 합당한 결과를 보여 줄 거라는 기대를 무의식 속에 가지고 있었던 것 같다.

아이는 이 엄청난 불일치를 감당할 수 없었을 테고, 그 불일치에 집중된 채로 붙들려 있었을 것이다. 내 삶에서 찾지 못하는 돌파구를 아이를 통해 찾고자 하는 내 무의식의 갈망을 아이는 간파하고 있었을 것이다. 나는 의식적으로 그렇게 생각하지는 않았지만 최선을 다해 아이를 잘 키움으로써 내 정당함을 증명해 보이고 싶었다. 내 정당성과 정체성은 나 자신에게 있지 않고 아이를 '잘 키우는' 데 있었다. 그리고 '아이를 잘 키웠다'는 것은 아이가 학교에서 인정받고 공부 잘하고 좋은 학교에 진학하고 좋은 직업을 갖는, 그런 것으로 증명될 수 있는 것이었다.

아이는 초등학교에 입학하자마자 마치 보란 듯이 그 구도를 깨뜨려 버렸고 나는 사실상 모든 걸 잃을 위기에 처했다. 내가 이 위기를 직면하지 않고 회피하고자 했다면 나는 아직도 그 구도에 갇혀 파괴적인 결말로 치닫고 있었을 것이다. 아이의 버릇을 고쳐서 어떻게든 학교에 잘 적응하게 만들려고 갖은 방법을 다 동원했을 테고, 무슨 수를 써서라도 공부를 잘하게 만들려고 아이를 짓눌렀을 것이다. 아마도 별 수없이 병원에 데리고 다니면서 약을 먹였을 것이다. 학교로, 학원으로 내몰면서 아이를 더 이상 빠져나갈 데 없는 구석으로 몰았을 것이다.

나는 아이를 내 삶의 정당함을 증명하기 위한 도구로 삼으려고 했던 것이 아이에게 얼마나 부당한 일이었는지를 깨닫고 방향을 돌이켰다. 선생님들이 하는 말, 친척들이 보는 시선으로 인해 내가 갖게 되

150   ADHD로부터 아이를 보호하라

는 불편함과 불안은 아이의 문제가 아니라 내 문제임을 인정하게 됐다. 아이를 시스템에 끼워 맞추려는 노력이 아이를 위한 것이 아니라 사실은 내 존재를 증명하기 위한 것이고, 적어도 내가 잘못한 게 아니라는 걸 증명하고 싶어서라는 걸 인정하게 되었다.

아이를 있는 그대로 인정한다는 것은 결코 쉬운 일이 아니다. '이 모든 게 다 아이를 위해서'라고 생각했지만, 무의식 속에는 '아이를 통해 자기를 증명하고 싶은 욕구'가 있었다는 사실을 깨닫고 그걸 포기할 수 있을 때 비로소 아이를 있는 그대로 인정할 수 있게 된다. 아이가 세상에서 살아남으려면 최소한 ○○는 갖춰야 하고 최소한 ○○에는 도달해야 한다는 식의 기준을 아이한테 강요하는 것은 그 기준이 절대불변의 진리여서가 아니고, 그 기준을 벗어났을 때 아이가 받게 될 불이익 때문만도 아니고, 솔직히 들여다보면 아이를 잘못 키웠다는 비난을 피하고 싶기 때문이다.

아이를 잘못 키웠다는 비난이란 남들로부터의 직접적인 비난뿐만이 아니다. 내가 직접 듣지 않더라도 뻔히 예상되는 남들의 험담, 수군거림, 비웃음, 은근한 무시, 상대방이 나와 비교해서 느끼는 안도감과 우월감 같은 것들도 포함된다. 누가 뭐라지 않아도 나 스스로 느끼는 자책감, 후회, 실패감, 안타까움, 심지어 아이가 나중에 '왜 나를 이렇게 키웠느냐'는 원망을 하게 될 경우의 억울함과 낭패감까지 다 포함된다. 이런 것들을 피하고 싶기 때문에 스스로에게 면죄부를 주는 행위가 바로 정해진 기준을 아이에게 강요하면서 아이와 대립하는 것이다. 아이에게 먹히든 안 먹히든, 결과적으로 아이에게 유익하든 해가 되든, 부모는 면죄부를 받아 두고 싶다. 적어도 나는 그렇게 키우지 않았다는.

아이를 있는 그대로 인정한다는 것은 이런 면죄부를 포기하고 모든 것이 다 내 책임이라고 떠안을 각오를 하는 것이다. '부모가 저러니 애가 저 모양이지'라는 비난을 내가 감당하기로 하는 것이다. 부모가 이런 모든 비난과 책임을 뒤집어쓸 의사가 없으면서 아이를 있는 그대로 인정한다고 하는 것은 거짓말이다. '나는 그렇지 않다', '이 아이가 이런 것은 나 때문이 아니다'라고 빠져나가고 싶으면서 아이를 지지한다고 말하는 것은 거짓말이다. 정서적 직관력이 있는 아이는 부모의 이런 거짓말에 자기도 모르게 주의가 집중돼 버린다. 그래서 부모 스스로 그게 거짓말이었다는 걸 인정할 수밖에 없는 상황이 되도록 만든다. 끝까지 몰고 가서 결국 인정하게 만든다. 지극히 상식적이고 모범적이고 반듯한 부모일수록 더 적나라하게, 더 극단적으로 이런 상황에 맞닥뜨리게 된다.

치유와 성장

학교보다 아이가 중요하다
——
                    엄마와의 관계도 탄탄해
졌고, 학원도, 공부방도 전부 그만두고, 집에서는 모든 것이 편안해
졌지만 학교생활은 여전히 힘들었다. 1학년 때는 선생님의 압박이 제
일 힘들었지만 2학년, 3학년으로 갈수록 다른 아이들과 어울려 지내
는 것이 가장 힘든 일이 됐다. 놀리고 골려 먹고 훼방하고 못살게 구
는 일이 너무 자주 일어나고, 그게 그냥 노는 걸로 용인되는 또래문화
를 들이는 도저히 이해할 수 없어 했고 못견뎌했다. 그런 일이 자기에
게 집중되는 것도 정말 왜 그런 건지 이해할 수 없어서 괴로워했다.

들이는 거기서 벗어나고 싶어 했지만 쉽사리 벗어날 수 있을 것 같
아 보이지 않았다. 공개수업에서도 봤던 것처럼 들이는 학교에서 이미
열외가 되어 버렸고 그런 아이는 아이들 사이에서 표적이 되기 쉽다.
건강하지 못한 사회일수록 취약한 대상을 골라 정해 놓고 핍박함으로
써 구성원들이 쌓인 불만을 해소하고 자기 위치를 확인하고 안심하며
살아간다. 그렇게 해서 그 체제가 겨우 유지돼 나가는 것이다.

장난을 치는 아이 입장에서는 가벼운 장난이고 받는 아이 입장에서는 괴롭힘인 일들은 학교에서 매일매일 일어난다. 미술시간에 그린 그림을 바닥에 떨어뜨리고는 밟고 지나가면서 모르고 밟았다고 하고, 식판을 들고 있는데 밀어서 엎지르게 하고는 실수라고 하고, 서너 명이 둘러싸고 겁주고 욕하고 선생님 앞에서는 자기들은 아무것도 못들었다고 하고….

당하는 아이더러 어떻게 어떻게 행동하라고 일러 준다고 해서 해결될 수 있는 문제도 아니고, 선생님에게 얘기를 한다고 해결될 문제도 아니다. 이미 아이들 사이에서 그런 식의 관계가 되어 버렸다면 이제는 당하는 아이가 뭘 어떻게 한다 해서, 하지 않는다 해서 달라질 것이 없는 상황이다. 당하는 아이는 이렇게 해도 당하고, 저렇게 해도 당한다. 아무것도 하지 않아도 당하고, 뭔가를 시도해도 당한다.

깨끗한 길가에는 아무도 쓰레기를 버리지 않는다. 그런데 누군가 가로수 옆에다 빈 깡통을 버리면 잠시 후에 또 누군가가 그 옆에 빈 우유팩을 슬그머니 버리고 가고, 그렇게 두세 개만 놓여 있으면 그다음부터는 너도나도 거기에 쓰레기를 버린다. 아무 죄책감이나 거리낌 없이…. 이런 심리로 너도나도 한 번씩 가볍게 툭툭 건드려보면서 자기 스트레스를 거기다 풀고 가는 것이다. 당하는 아이는 이걸 막을 방법이 없다.

어떤 아이도, 어른도, 동물도 이렇게까지 궁지에 몰리면 도리 없이 망가진다. 이유야 무엇이든, 애초에 시작된 원인이 무엇이었든, 아이가 이미 왕따를 당하고 있는 게 분명하다면 아이 스스로 거기서 빠져

나올 방법은 없다고 보는 게 맞다. 그냥 거기서 빼내 주는 게 가장 좋은 방법이다. 다른 의견들도 많겠지만 내 생각은 그렇다.

나는 이대로 학교에 아이를 계속 보내는 것이 옳은 일인가를 진지하게 고민했다. 다른 아이들보다 정서적으로 훨씬 더 민감한 아이라는 걸 이해한다고 하면서 지금과 같은 학교생활을 견디라고 하는 것이 말이 되는가…. 이건 말 그대로 학교를 견디고 있는 것 외에는 아무것도 아니다. 낙오되지 않고 끝까지 견뎌 낸 사람만 사회적으로 인정해 주는 극기훈련이다. 이게 유익하고 좋아서 하는 것도 아니고, 이걸 다 마친 다음에 무슨 큰 보상이 있는 것도 아니다. 단지 낙오됐을 때의 불이익만이 있을 뿐인 이 극기훈련을 꼭 해야 할까…. 나는 학교를 마치지 않은 데 따르는 불이익보다 학교를 계속 견디면서 다녔을 때의 피해가 훨씬 더 심각하고 크다는 결론을 내렸다. 그래서 학교를 그만 다니기로 했다.

3학년 가을에 결심을 하고 부랴부랴 대안학교를 알아봤다. 운 좋게도 내가 직장을 계속 다닐 수 있을 만한 거리에서 대안학교 두 곳을 찾을 수 있었다. 처음부터 입학을 한다면 모를까 이렇게 중간에 편입해 들어가기는 꽤 어렵다. 두 곳 다 아이와 함께 면접을 보고 와서 결과를 기다렸다. 다행히도 들이가 꼭 가고 싶다고 소원한 학교에 들어갈 수 있게 됐다.

이렇게 해서 4학년부터는 대안학교에 다니기 시작했다. 학력 인정이 안 되기 때문에 나중에 일반 중학교로 가려면 6학년 때 일반 초등학교로 다시 돌아가거나 이듬해 검정고시를 봐서 학력 인정을 받아야 한다. 일반 중학교로 갈 게 아니면 그대로 대안학교에서 중학교, 고등학교 과정을 다니고 검정고시를 친 다음에 대학을 가든지 직업을 갖든지 하면 된다. 나는 나중에 일반 중학교로 가게 될 가능성과 이대로 계속 대안학교에서 중고등 과정을 다니게 될 가능성 모두를 열어 놓기로 했다.

4학년 때부터 대안학교를 다니기 시작하면서부터 들이는 이전과는 완전히 다른 생활을 했다. 산자락 밑에 통나무로 지어진 학교에서 자연에 둘러싸여 날마다 신나는 하루하루를 보냈다. 겨울이면 벽난로에 장작을 때고 여름이면 날마다 물을 뒤집어쓰고 물총놀이를 했다. 직접 화덕을 만들고 불을 피워 통닭도 구워 먹고 고구마도 구워 먹고 포대자루 미끄럼도 타고 이것저것 스스로 만들어서 놀았다. 일반 학교 다닐 적에는 놀림감이 됐던 일들이 여기 와서는 '오오올~' 하고 감탄을 불러일으키는 일이 되었다.

물론 처음에는 아이들 텃세도 있었고 다툼도 있었다. 하지만 애들하고 이러저러해서 싸웠다는 얘기를 들으면 나도 모르게 "아~ 그렇지! 애들이 싸우면서 큰다는 게 이런 거지!" 하는 소리가 절로 나왔다. 전에 다녔던 학교에서 아이들이 뭐 어쨌다는 얘기를 들을 때는 아이들끼리 서로 다툰 게 아니라 잔인함과 비열함이 섞인 '약한 동물 괴롭히기' 같은 느낌이 있었다. 그때는 그게 왜 그렇게 불편하게 느껴지는지 몰랐었는데 이제 비교를 할 수 있게 되니까 그게 어떤 것이었는지 단박에 알아졌다.

한 반에 열 명, 많아야 열두 명인 수업에서는 관심 있는 주제가 나오면 더 확장해 나갈 수 있었다. 질문을 하거나 생각을 말한다고 해서 누가 잘난 척하지 마라거나 나대지 마라고 하지 않았다. 이 친구는 이 분야에서 박사로, 또 다른 친구는 다른 분야에서 전문가로 서로 서로 인정하고 서로에게서 배웠다.

그래도 첫 한 학기 동안 들이는 아이들과 교사들에게 곁을 주지 않고 스스로 외톨이로 지냈다. 아이들이 전부 밖에 나가 놀 때 혼자 교실에 틀어박혀 있고, 다 같이 여행을 가도 아이들과 어울리지 않고 혼자 떨어져 다녔다. 겉으로 보기에는 그냥 혼자 노는 것 같아도 들이는 아이들을 관찰하고 학교 돌아가는 모든 사정을 관찰하고 있었던 듯하다. 누구는 어떤 아이, 어떤 교사는 어떤 사람이라는 게 다 파악될 때까지 자기를 드러내고 싶지 않은 이유도 있었던 것 같다. 학교 교사들 얘기를 들어보면 학교에서 혼자 지낸다고 하는데, 들이는 집에 와서 오늘은 누가 뭘 어떻게 했고, 무슨 일이 있었고, 학교 어디에 있는 뭔가를 새로 발견했고 하면서 시시콜콜한 것까지 자기가 관찰한 것들을 아주 재미나게 얘기해 주곤 했다.

탐색기가 지나자 들이는 정말로 신나게 학교생활을 즐겼다. 토요일 오전만 지나면 그때부터 벌써 월요일을 기다렸고, 방학 때는 날짜를 꼽아가며 개학날만 기다렸다. "학교 가는 게 그렇게 좋아?" 물어보면 "응! 좋아!" 하고 아기처럼 웃곤 했다. 봄부터 까맣게 그을린 얼굴이 1년 내내 하얘질 틈이 없었다. 원래 움직이기 싫어하고 밖에서 노는 걸 싫어하는 아이였는데 이 학교에 다니고부터는 밖에서 사는 게 그냥 생활이 되었다.

공부라고는 정말 하나도 안 하고 책도 한 줄 안 읽고, 오로지 최선을 다해, 알차게, 바쁘게 놀았다. 아이는 무슨 밀린 숙제 하는 것처럼 그동안 못 놀았던 것, 그동안 누리지 못했던 기쁨, 행복, 만족감을 압축해서 2배속으로 다 누리고 즐기는 듯했다.

아이는 확실히 달라졌다. 이토록 사는 게 즐겁고 생기 넘치는 아이를 지난 3년 동안 어쩌면 그렇게 하루하루를 견뎌내도록 놔두고 있었는지 생각할수록 기가 막혔다. 그 안에 있을 때는 몰랐는데 빠져나와서 돌이켜보니 '더 있었다가는 정말 큰일날 뻔했구나' 싶었다.

에너지 충전의 시간

그렇게 원도 한도 없이 꼬박 1년을 놀고 나서 5학년이 되니까 그때부턴 "심심해, 심심해"를 입에 달기 시작했다. "그렇게 노는데도 심심해?" 하고 물어보면 "아~ 노는 게 심심해. 노는 거 말고 딴 거 뭐 할 거 없나?" 했다. 학교에서는 여전히 신나게 놀면서도 집에 오면 심심해 타령이 그치지 않았다. 방바닥에 누워 천장을 바라보며 '잔잔한 바다에 떠 있는 배 같은 신세'라고 한탄했다. 편안해서 좋긴 한데 그냥 가만히 떠 있으니 배 입장에서는 이게 처량한 거라고, '열라' 노를 저어 어디로 갔으면 좋겠는데 갈 데가 없다고 했다. 그럴 때마다 "아이구, 아주 복에 겨워 매화 타령이구나" 하고 놀리면 "그치?" 하고 웃고 넘기면서도 며칠 지나면 또 그런 소리를 하곤 했다.

이건 들이만 그런 게 아니었다. 매일 몰려다니며 집에 들락거리는 들이 친구 녀석들과 어쩌다 밥이라도 함께 먹으며 얘기를 해 보면 모두들 자기 미래에 대한 고민을 나름 진지하게들 하고 있었다. 어쩌면 대안학교 다니는 아이들만의 고민일 것이다. 꽉 짜인 시스템 속에 있으면 그 압박을 견디기 어렵고 거기서 벗어나고 싶지만, 자유로운 상태에서는 스스로 길을 찾아내야 한다는 막중한 부담감을 느끼게 된다. 부모고 교사고 어른들은 아무도 뭐라 하지 않아도 자기들끼리는 '앞으로 나는 뭘 하지?' 하는 생각을 끊임없이 하는 모양이었다.

들이는 미래에 대한 방향성도 고민이지만 일단 가득 차오른 에너지를 어딘가에 쏟아붓고 싶은데 그 힘을 어느 방향에 어떻게 써야 할지 몰라 답답해하고 있는 상태였다. 힘이 생긴 걸 알았으니 그걸 어디든 사용해서 한번 시험해 보고 싶은 것 같았다.

5학년 여름방학을 앞두고 나는 들이에게 '예술중학교에 도전해 보면 어떻겠느냐' 제안했다. 사실 예중 얘기는 한 해 전인 4학년 때 처음 나온 얘기였다. 들이의 그림을 본 누군가가 '이 정도면 예중에 도전해 볼 만하지 않느냐'고 제안을 했는데 그때는 이제 막 대안학교에 적응해 학교생활에 푹 빠져 있을 때여서 '무슨 말도 안 되는 소리'라는 식으로 반응하고 넘어갔었다. 그런데 이제 1년이 지나고 에너지가 충만한 상태에서 이 얘기를 다시 꺼내자 들이는 "아, 맞아! 그게 있었지!" 하며 반가워했다.

예중에 도전하기 위해서는 우선 대안학교를 그만두고 일반 초등학교로 돌아가야 했다. 들이는 환경이 또다시 바뀌는 데 대해 거부감은 커녕 의욕과 자신감을 보였다. 나는 공교육으로 돌아가는 걸 찬성하는 조건으로 여름방학 동안 사회와 수학 두 과목의 4학년 2학기 자습서 한 권씩을 뗄 것을 제시했다. 국어와 과학은 그럭저럭 건너뛰고 5학년 과정으로 넘어갈 수 있겠는데 사회와 수학은 앞의 내용을 공부하지 않고서는 아예 문제에 손도 못 대는 수준이었다. 그래서 5학년 과정을 본격적으로 시작하기 전에 여름방학 과제를 내준 것이다. 들이는 흔쾌히 받아들였다.

일반 학교로 돌아가는 조건으로 '혼자서 책 한 권씩을 뗄 것'을 제시했던 것은 들이에게 성취감을 주기 위한 것이었고, 또 한편으로는 본인이 한 선택에 무게를 실어주기 위한 것이었다. 본인이 노력해서 획득한 것이 되도록…. 그래서 과목당 단 한 권의 자습서, 그것도 설명이 많고 문제는 적은, 그리고 가장 쉬운 수준의 것을 골랐다. 내가 생각한 목표는 들이가 어떻게 해서든 과목당 한 권씩 처음부터 끝까지 읽고 문제를 풀어보도록 하는 것이었지 학과 실력이 최소한 어느 정도 수준에 도달하도록 하는 것이 아니었다. 그래서 몇 문제를 맞히고 몇 문제를 틀렸는지를 세지 않도록 했고, '이 자습서를 어찌됐든 끝까지 다 푸는 것'이 목표라고 매번 강조했다.

1학년부터 3학년까지 그렇게 붙들고 씨름을 해도 안 되던 공부를, 게다가 지난 1년 반 동안 공부라고는 아예 놓고 살았으니 혼자서 할 수 있을까 싶었다. 그래도 일단은 혼자 해 보라고 맡겨두었다. 그랬더니 웬걸, 들이는 여름방학이 끝나기도 전에 수학 자습서 한 권을 뗐다. 공부를 시작하고서 나도 놀라고, 들이도 놀랐다. 들이는 자기가 이렇게 공부를 할 수 있다는 사실에 흥분했다. 마치 자기를 옭아매고 있던 무언가에서 풀려난 것처럼, 해방된 노예처럼 기뻐 어쩔 줄 몰랐다. '노는 게 심심해' 타령의 위력은 실로 대단한 것이었다. 노는 게 얼마나 심심했으면 공부하는 게 재미있고 신기한 일이 돼 버렸을까. 노는 게 지겨워 몸부림을 칠 때까지 놀게 하는 것의 효과는 확실하다.

'원래 공부를 좀 하던 아이였겠지'라고 생각할까 봐 분명히 밝히자면, 1학년 입학한 뒤부터 그때까지 참고서나 문제집이라고는 전 과목을 통틀어 다 합해 봐야 열 페이지도 채 못 풀었던 아이다. 아무리 야단맞고 벌을 서면서도 문제집 한 쪽을 못 풀어서 날마다 울고불고 하던 아이다.

물론 쉽게 한 일은 아니었다. 처음에 공부를 시작했을 때의 신기함과 재미가 계속 지속되지는 못했다. 어느 정도 시간이 지나자 그다음부터는 재미가 아니라 순전히 의지로 해내야 했다. 계획대로 하지 못하고 밀리기도 했지만 그래도 내팽개치지 않고 끝까지 붙들고 씨름을 했다. "왜 내가 내 맘대로 안 되냐고!" 하고 혼자 소리도 지르고, 화가 나서 울기도 했다.

그래도 그렇게 해서 갖게 된 성취감은 말할 수 없이 컸다. 들이는 자신에 대해 신뢰감을 갖게 되었고 그건 평생의 자산이 될 것이었다. 완전히 다 풀어서 책꽂이에 자랑스럽게 꽂아 놓은 자습서를 수시로 뽑아서 들춰 보고 다시 꽂아 놓고 하면서 들이는 충만감을 만끽했다.

3월이 되어 일반 학교로 전학을 했다. 오래 떠나 있었던 일반 학교로, 그것도 상처의 기억뿐인 일반 학교로 돌아가는 일은 여간 용기가 필요한 일이 아니었을 것이다. 3월 2일, 일반 학교로 가는 첫날, 차마 그 얼굴을 쳐다보기가 미안할 정도로 들이는 잔뜩 긴장한 모습이었다. 같이 교무실에 가서 전학 수속을 하고 담임선생님을 만나 인사를 나누는 동안 들이는 애써 평정을 찾으려고 일부러 웃기도 하면서 대답은 잘하는데, 웃을 때 보니 입술이 살짝 떨리고 있었다. 담임선생님이 교실로 데리고 가서 자리를 지정해 주고, 아이들의 시선을 한 몸에 받으며 자리로 가서 앉는데, 그 얼굴이 마치 적진에 잡혀간 포로처럼 비장하기 이를 데 없었다.

상처를 뒤로 하고 떠나기는 쉬워도 그 자리로 다시 돌아오는 것은 정말 어려운 일이다. 그걸 알고 떠났기에 다시 돌아올 거라는 생각은 안 했다. 그런데 결국 이렇게 힘든 일을 하게 됐구나 싶어 마음이 짠했다. 일반 학교로 돌아오기로 결심하고 한 학기 동안 집에서 혼자 공부하는 동안에도 나는 몇 번이고 들이에게 확인했다. 원치 않으면 언제라도 바꿀 수 있다고, 일반 학교로 돌아가지 않아도 된다고, 굳이 그렇게 어려운 일을 하지 않아도 된다고, 홈스쿨링을 해도 되고, 다시 대안학교로 돌아가도 되고, 검정고시를 쳐도 되고, 원하는 어떤 길이든 다 갈 수 있고, 방법은 찾으면 다 나온다고. 들이는 내 말을 귀 기울여 듣고 수긍은 했지만 그래도 일반 학교로 돌아가겠노라고 했다. 상처가 깊었던 그 자리로 돌아가서 자기를 증명하고 싶었던 것 같다.

그렇게 긴장한 아이를 학교에 두고 돌아와서 내내 편치 않은 마음으로 있다가 학교 끝나는 시간에 교문 근처에 가서 기다렸다. 학교 안에 들어가서 기다리면 혹시 창피해할까 봐 교문 밖에 서 있었다. 건물에서 우루루 쏟아져 나오는 애들 속에 들이가 나오는 게 보였다. 현관

앞에서 신발을 갈아 신는데, 같이 나온 어떤 아이가 뭐라고 했는지 들이가 고개를 들고 씩 웃으며 대답을 하는 얼굴이 보였다. 그 순간, 눈물이 왈칵 쏟아졌다. 1학년부터 3학년까지, 아이 재워 놓고 밤마다 숨죽여 눈물로 보냈던 그 3년의 시간들이 쫙 스쳐갔다. 들이가 현관에서부터 운동장을 가로질러 걸어오는 걸 보면서 눈물이 턱에서 그냥 뚝뚝 떨어졌다. 교문 뒤에 숨어서 그렇게 한참 울었다.

　너무 너무 떨리고 긴장됐던 첫날의 고비를 잘 넘긴 들이는 둘째 날부터는 밝은 얼굴로 학교에 갔다. 처음엔 엄청 겁먹었었는데 막상 닥쳐 보니 생각했던 것만큼 힘들진 않더라면서 잘 지낼 수 있을 것 같다고 했다. 정말로 들이는 일반 학교에 무사히 안착했다. 처음 대안학교로 옮겼을 때는 한 학기 정도 적응 기간이 걸렸었는데 다시 일반 학교로 돌아왔을 때는 하루 만에 적응했다. 대안학교에 있는 동안 저절로 몸에 익은 자기존중 그리고 인간에 대한 호의와 신뢰, 갈등해결 능력 덕분에 들이는 새로 적응해야 하는 새내기가 아니라 오히려 친구들 사이에서 중재자 역할을 했다. 예전의 자기처럼 일방적으로 놀림 당하고 슬슬 피하기만 하는 친구한테 피하지 말고 맞서라고 '경험자로서' 코치도 해 주고, 거칠게 구는 친구한테 대신 맞서 주기도 했다.

잘 극복한 고난은 성장의 자양분이 된다

――――　　　　　　　　　　6학년 가을에 예중 입학시험을 치렀고, 들이는 그토록 간절히 원하고 열심히 노력했음에도 불구

하고 낙방했다. 인터넷으로 합격자 발표를 보고 들이는 아무 말도 못 하고 눈물만 뚝뚝 흘렸다. 밤이 되니까 더는 못 참겠는지 소울음 같은 소리를 토해 내며 울었다. 낮에는 아무 말 안 하다가 밤에 잠자리에 들기만 하면 울음이 북받치는 모양이었다. 한 보름은 그렇게 밤마다 울었다.

이 상처를 어떻게 낫게 해 줄 수 있을까 나는 가슴이 아프고 걱정이 됐다. 당장 눈앞에 닥친 걱정은 '학교생활을 다시 잘할 수 있을까'였다. 마음이 무너진 상태에서 학교 친구들 사이에서 스트레스를 극복하고 잘 지낼 수 있을까, 다시 옛날처럼 되는 건 아닐까 걱정이 많이 됐다.

그러나 들이는 그동안 많이 성장해 있었다. 자기가 한 노력까지 실패로 여기지는 않았다. 지난 1년 동안 자기 스스로 생각해도 그보다 더 열심히 할 수는 없을 정도로 열심히 했기 때문에 아쉬움도 없고 후회도 없다고 했다. 다만 막막할 뿐이라고, 말로는 "떨어지면 그 다음 날부터 예고 준비 시작할 거예요"라고 했지만 그건 떨어질 리가 없다고 생각했기 때문에 그런 말을 할 수 있었던 것 같다면서, 막상 당하고 보니 어떻게 해야 좋을지 모르겠다고 했다. 어린 게 벌써 저런 소리를 하게 된 게 가슴이 많이 아팠다. 그래도 참 많이 단단해졌구나 싶어 대견하기도 했다.

자기 선택과 자기 힘으로 한계를 극복하고 뭔가를 끝까지 해낸 사람의 포스는 누구나 느낄 수 있다. 아이들도 뭔지 모르게 느껴지는 들이의 그런 힘을 느꼈는지 예중 입시에 떨어졌다는 걸 다들 알면서도 그걸 놀림감으로 삼지 못했다. 들이 말로는, 자기는 마음의 준비를 하고 있었는데 놀리는 아이가 한 명도 없었다면서 이상한 일이라고 했다. 들이는 이상한 일이라고 했지만 나는 그 변화가 뭔지 확실히 알 수 있었다.

대안학교를 그렇게 좋아했으면서 그걸 그만두고 나올 정도로 모든 걸 걸었던 건데 이제 이렇게 됐으니 다시 돌아가고 싶지는 않을까. 아이의 마음을 확인할 필요는 있을 것 같아서 '예중을 가기 위해서 대안학교를 그만두고 나온 건지 아니면 예중이 아니더라도 대안학교에서 나와서 다른 길을 찾고 싶었던 건지' 물어봤다.

"선생님들도 그렇고 애들도 그렇고, 일반 학교와는 비교도 할 수 없을 만큼 좋지. 그게 진짜 학교지. 그런데… 중학교까지 계속 그 안에만 있으면 좀 답답할 거 같았어."

엄마 품이 너무 좋긴 하지만 나이가 들면 벗어나고 싶고, 작고 평화로운 마을에 살던 아이가 험난할 걸 알면서도 큰 도시로 나가 보고 싶은 그런 마음이었던 것 같다.

4학년 때부터 6학년 때까지 3년 동안 들이는 많이 성장했다. 어른들 하시는 말씀이 '애는 원래 한 번 아프고 나면 쑥 큰다'고 하시더니 정말 그렇다. 산을 넘어온 사람은 산을 오르기 전의 그 사람이 아니다. 고통을 겪고 치유하고 스스로 도전하고 극복해 낸 들이는 아무 일 없이 자란 아이들보다는 확실히 힘이 있다. 이젠 어디에 던져놔도 살아남을 수 있을 만큼 단단히 여물었다.

문제에 가려져 있던
재능 스위치가 작동하다

— 예중 입시를 치르면서
얻게 된 자신에 대한 신뢰와 존중은 들이가 원래 가지고 있던 재능을
필요할 때 자유자재로 쓸 수 있게 해 주는 스위치 역할을 한 것 같다.
정서적 직관력은 상황 판단을 빠르고 정확하게 하는 데 도움이 되고,
정서적 민감성은 사람과 사람 사이에 오고 가는 감정의 미묘한 관계
를 저절로 파악하게 해 주는 듯하다. 방어기제를 사용할 필요가 없게
되니까 이제는 그 재능들이 통찰력이나 판단력, 공감능력으로 사용
되는 것 같다. 정서의 파도에 휩쓸리지 않게 되니 자기는 그 자리에 가
만히 있으면서 주변 상황이 어떻게 돌아가고 있는지 그냥 눈에 들어오
고 저절로 알게 되는 것이다.

신기하게도, 학기 초에 누가 반장이 될지 들이는 미리 알아맞혔다.
1학기 때는 입학한 지 2, 3일 만에 "아무개가 반장이 될 것 같아" 했
는데 정말 그 아이가 반장이 됐고, 2학기 때도 개학하고 며칠 안 됐을
때 "이번엔 아무개가 될 것 같다" 하더니 정말 그 아이가 반장이 됐다.
어떻게 아냐고 물으면 "그냥 그럴 거 같다는 거지. 어떻게 아는지는 나
도 몰라" 한다. 아마도 반 아이들이 누구한테 마음이 끌리는지 그냥
보이는 게 아닐까 싶다. 이런 점은 학교생활을 하는 데도 분명 도움이
된다.

들이는 내향형 성격이라 활동적이지 않고 말수가 적은 편인데도 친
구 관계가 넓다. 보통 내향형들은 단짝친구 두세 명하고만 친밀하게

지내는데, 들이는 그런 그룹 너댓 개에 느슨하게 속해 있다. 집에 몇 번 놀러 와서 내가 얼굴을 아는 친구만 해도 열 명이다.

친구들 사이에서 인기가 많은 아이들은 대개 활달하고 유쾌하고 재주가 많은 아이들이다. 들이는 그런 타입은 아니다. '인기'하고는 좀 다른데, 아무튼 들이 주위에는 늘 아이들이 많다. 왜 그런 걸까 생각해 봤다. 대안학교를 다니고, 입시를 치르고 하면서 들이는 많이 성숙하고 안정되었다. 자아존중감이 회복되고 나니까 외부로부터의 어떤 평가나 공격에도 예민하지 않게 됐고 너그러워졌다. 그래서 또래 친구들도 그런 편안하고 너그러운 느낌이 좋아서 들이 옆에 있고 싶어 하는 것 같다.

3월에 일찌감치 반에서 한 아이가 왕따처럼 되는 분위기였는데 들이가 그 아이를 친구로 대해 주니까 들이랑 친한 친구들이 들이더러 그 아이랑 가까이 지내지 말라고 충고했다. 그 소리를 듣고 살짝 걱정이 돼서 '어떻게 할 작정이냐'고 물었더니 들이는 "어떻게 할 거냐니? 그런 건 시작하기 전에 생각했어야지. 이제 와서 어떻게 할지를 생각하면 안 되지"라고 했다.

반에서 힘 좀 쓴다는 애들이 그 아이를 괴롭힐 때마다 들이가 선생님한테 신고해 주고 증언해 주니까 그 보복으로 들이를 괴롭히는 일도 있었다. 누가 던졌는지 모르는 플라스틱 슬리퍼에 귀를 맞았는데 어찌나 세게 맞았는지 한쪽 귀가 두 배는 되게 부어올라서 집에 오기도 했다. 내가 걱정이 돼서 선생님을 만나 보겠다고 했더니 들이는 펄쩍 뛰었다. "아들을 왕따로 만들고 싶으면 그렇게 해." 하면서 자기가 해결할 테니 엄마는 가만히 있으라고 했다. 들이의 해결 방법은 다른 친구들을 잘 관리하는 거였다. 외톨이로 있지 않고 여러 명의 친구들과 관계를 잘 유지하고 있으면 아무리 거친 친구들이라도 함부로 건드리지 못한다는 것이다. 그래서 들이는 괴롭히는 친구들이 시비를 걸어도 휘말리지 않고 다른 친구들과의 관계를 더 돈독히 했다.

5월쯤 되니까 편안해졌다. 들이가 그 아이와 가깝게 지낸다고 해서 아무도 들이한테 뭐라 하지 않게 됐다. 들이는 다른 친구들도 여러 명 있고 그 친구한테도 똑같이 대하는 것뿐이고, 다만 그 친구한테는 들이가 유일한 친구다.

들이는 내가 봐도 안정되어 보인다. 친구 관계뿐만 아니라 자신에 대해서도 그렇다. 들이는 지나온 시간들을 돌이켜 보며 "대안학교 시절에는 내 그릇을 발견했고, 입시를 치르면서는 그 그릇을 어떻게 사용하는 건지 사용법을 알게 된 것 같다"고 말한다. 내가 보기에 이 말은 대안학교 다니는 동안에 자존감을 회복했고, 여느 고3 못지않은 치열한 자기와의 싸움을 하고 나서는 스스로에 대한 믿음이 생겼다는 뜻인 것 같다.

중고등학교 6년을 보내고
—
예중이라는 목표가 있었을 때는 그렇게 열정과 의지를 보였는데, 중학교 들어가고 나서는 학교 수업을 듣는 것 외에는 전혀 공부를 안 하고 오직 즐겁게 학교생활만 했다. 학원도, 인터넷 강의도, 학습지도, 아무것도 안 하고 숙제나

거우 해가고 시험범위 발표되면 시험기간 동안만 반짝 책 들여다보는
게 전부였다.

학교 갔다 오면 4시나 5신데 그때부터 만화책도 보고 그림도 그리
고 블로그에 소설도 연재하고 엄마랑 족히 서너 시간은 수다를 떨다
가 씻고 자는 게 중학생 들이의 하루 일과였다. 들이가 학교 수업 외
의 공부를 전혀 하지 않는다는 걸 아는 주위 사람들은 걱정하는 말들
을 했다. "그래도 괜찮겠어?"라고. 나도 걱정이 아예 안 되는 건 아니
지만 그래도 그냥 내버려뒀다. 대안학교에서 신나게 놀던 걸 지금은
일반 중학교에 다니면서 신나게 노는 것뿐이니까. 나는 공교육 학교에
서도 저토록 신나고 재미있게 학교를 즐길 수 있다는 게 처음엔 놀라
웠고 한 학기 한 학기 지날수록 점점 더 '어, 이것 봐라?' 싶었다.

그러다 중학교 2학년 때 어느 날 갑자기 국영수 가르치는 학원을 다
니게 해달라고 했다. 예고를 가고 싶어서 알아보니 중학교 내신 성적
이 어느 정도는 돼야 한다는데 자기가 공부를 어디서부터 어떻게 해야
할지 모르겠으니 학원엘 보내 달라는 것이었다. 그래서 집 가까운 학
원에 등록해 줬다. 학교 끝나면 바로 학원으로 가서 밤 10시 넘어 셔
틀버스 타고 집에 오는 생활을 5개월 정도 열심히 했다. 그러더니 6개
월째 학원 등록을 해야 할 때쯤 되자 더 이상 학원 등록금을 납부하
지 않아도 된다고 말했다. 그만 다녀야겠다고.

이유는 단호하고 간결했다. "엄마, 이건 사람이 할 짓이 아니야." 너
댓 달을 해본 사람이 사람 할 짓이 아니라는 일을, 직접 해보지도 않
은 사람이 하라 마라 할 수가 없어서 "그러냐. 알았다"고 했다. 그렇게

해서 들이는 다시 공부 부담 없이 남은 중학교 생활을 마저 알뜰히 즐기고 진학은 예고가 아닌 일반 인문계 고등학교로 하기로 마음을 바꿨다.

인문계 고등학교 배정 희망 학교를 적어 낼 때, 초등학교 때 대안학교 골랐던 것처럼 들이랑 같이 몇몇 학교를 가서 둘러보고 그중에서 캠퍼스가 가장 마음에 드는 학교를 1지망으로 해서 적어 냈다. 다행히도 1지망 학교에 가게 돼서 들이는 또 엄청 기뻐했다.

고등학교에 입학하기 전 겨울방학 때부터 들이는 공부를 하기 시작했다. 학원은 처음부터 아예 고려조차 하지 않고(중학교 때 학원 수업 방식이 자기와 전혀 맞지 않는다는 걸 확실히 알게 된 덕분에 시행착오를 줄일 수 있어서 얼마나 다행인지!) EBS 인터넷 강의로 중학교 수준의 기초부터 시작했다. 고등학교 입학하고 처음에는 학교에서 하는 방과 후 수업이다 특강이다 열심히 들었는데 그건 별로 효과적이지 않다고 했다. 인터넷 강의는 괜찮고 선생님이 직접 하는 수업은 왜 별로냐고 물었더니 '교실에서 하는 수업은 일방적으로 진행되는데' 인터넷 강의는 '내 페이스대로 멈추고 건너뛰고 다시 보고 할 수 있어서 좋다'고 했다. 학교에서 운영하는 야간 자율학습은 아주 마음에 든다고 했다. 전체 학생을 붙잡아두는 게 아니라 미리 신청한 학생들만 지정석을 주고 출결 체크를 하는데, 자리를 비우거나 잠을 자거나 딴짓을 하다가 적발되면 삼진아웃되는 식이어서 정말로 열심히 공부하려는 학생들만 남게 된다고 했다. 들이한테 제일 중요한 키워드는 '내 페이스'였던 거다.

공부는 그렇게 인터넷 강의와 자율학습 위주로 하고, 미술 실기 준비는 미술학원을 다니면서 했다. 중학교 때 잠시 공부하려다가 그만두었을 때부터 미술학원을 다니기 시작했다. 공부를 안 하니 남는 시간도 많겠다 그동안 그림이라도 많이 그려두면 좋을 것 같아서였다. 고등학생 입시반만 운영하는 미술학원에 찾아가서 '청강만 할 수 있도록 해달라'고 졸랐다. 중학생 들이는 배정된 선생님 없이 자유롭게 아무 교실에나 한쪽 구석에 자리를 잡고 혼자서 '오늘은 배추를 그려볼까' 하고 선반에서 배추 찾아다 놓고 그리고 '오늘은 개를 그려봐야지' 하고 개 사진 찾아다가 그리고 하는 식이었다. 오며 가며 어깨 너머로 형 누나들 배우는 것도 보고 그림도 많이 보고 하면서 실력이 늘었다. 실기를 남들보다 일찍 시작한 덕에 고등학교 들어가서 공부에 꽂혔을 때 공부에 좀더 많은 시간을 쏟을 수 있었다.

학교를 잘 다닐 수 있었던 비결

———————— 대안학교 이후 일반 학교를 다니면서도 들이가 큰 스트레스 받지 않고 학교에서 취할 것만 취하고 알차게 학창시절을 즐길 수 있었던 데는 몇 가지 비결이 있었던 것 같다. 다 지나고 나서 돌아보니 그렇다.

첫 번째는 뭐든 들이 자신이 결정하고 선택했다는 것이다. 내가 뭔가를 강하게 권했던 것은 대안학교로 가자는 것밖에는 없었다. 그때는 다른 학교로 옮겨 가서 새로 적응해야 한다는 것이 자신 없고 불안해서 들이는 반대했었다. 들이 입장에서는 대안학교가 뭔지도 모르겠고 지금도 간신히 견디고 있는데 낯선 곳에 가서 적응하기는 더 어려울 거라고 미리 겁을 먹었던 거다. 그래서 그때는 '대안학교로 꼭 가지 않아도 좋으니 어떤 곳인지 구경이나 한번 가보자'고 설득해서 겨우 데리고 갔었다. 대안학교 두 곳을 차례로 가서 학교 구경도 하고 아이들도 만나보고 선생님들도 만나본 뒤 들이는 당장 마음을 바꿨다.

그 다음부터는 모든 선택과 결정을 들이가 알아서 하게 놔두고, 한 번씩 들이가 뭔가 막힌 것처럼 느낄 때 "예고 안 가기로 했으니 그러면 미술학원이나 다녀볼래?" 하고 툭 던지기만 했다. 대안학교를 그만둔 것도, 중학교 때 공부 학원 보내 달라고 한 것도, 그만두겠다고 한 것도 다 들이가 한 결정이고, 어느 고등학교를 지망할지, 어떤 방법으로 공부를 할지, 공부를 더 할지 그림을 더 그릴지도 들이가 선택하고 결정했다.

어른들이 생각할 때는 아이들은 지식도, 정보도, 경험도 부족하기 때문에 합리적인 선택을 하기 어려울 거라고 생각한다. 그 말은 맞다. 그러나 합리적이기만 한 선택이 늘 좋은 선택인 것은 아니다. 우리는 인생에서 가장 크고 중요한 선택을 할 때 오히려 합리적이지 않은 결정을 내리기도 한다. 예를 들면, 이 사람과 결혼을 할 것인지, 동시에 합격한 두 직장 중 어느 직장을 선택할지 같은 결정 말이다.

우리는 지식이나 정보, 경험을 근거로 선택을 하기도 하지만 때로는 직관에 의지해 더 좋은 선택을 할 때도 있다. 그리고 직관에 관한 한 아이들은 우리 어른들보다 훨씬 뛰어난 능력을 갖고 있다. 그래서 아이 자신에 관한 크고 중요한 선택이라면 아이에게 맡겨두는 것이 오히려 더 좋은 선택이 될 수도 있다. 특히 ADHD 소리를 들을 만큼 평소에 직관을 잘 사용하는 아이라면 더 그렇지 않을까. 자기가 잘 지낼 수 있을 것 같은 환경을 직관으로 알고 선택한 것일 테니 그런 곳에서는 큰 어려움 없이 잘 지낼 가능성이 훨씬 크다.

두 번째는 통제받지 않고 자기 마음대로 할 방법을 늘 찾았다는 것이다. 교사가 요약 정리한 프린트 나눠 주고 외우게 하고, 문제도 풀어 주고, 과제도 내주고 하는 학원 공부 방식은 들이에게는 당연히 최악일 수밖에 없다. 공부도 자기 혼자 알아서 이렇게 저렇게 해보는 방식이 가장 잘 맞았던 것이고, 미술 실기도 입시 부담이 없는 중학생 때부터 여유 있게, 그리고 관리를 받지 않는 자유로운 청강생으로 오래 놔뒀기 때문에 실력이 늘었던 것 같다. 만약 거꾸로, 중학교 때는 안 되는 공부를 붙들고 억지로 학원 다니며 3년을 보내고, 고등학교 가서는 이제 막 공부가 되는 참인데 실기 입시반 스케줄 쫓아가느라 허덕거렸으면 어떻게 됐을까. 들이한테는 자기만의 시간표에 따라 자기 방식대로 하게 그냥 놔두는 게 가장 잘 맞았던 거다.

세 번째는 선충전 후몰입이다. 가만 보니 들이는 늘 아무것도 안 하고 빈둥거리며 놀기만 하는 시간을 보낸 딱 그만큼씩만 집중력을 발휘하곤 했다. 대안학교 1년 반 실컷 놀고 나서 예중 준비한다고 집중한 게 1년 반이었고, 중학교 3년 원 없이 놀고 나더니 고등학교 3년은 강도 높게 몰입해서 공부를 했다. 중2 때 시작할 뻔했었던 그 공부를 만약에 고비를 넘기고 쭉 했더라면 어쩌면 고등학교 가서 1, 2년은 다시 빈둥거리는 충전의 시간을 보내야 했을지도 모르겠다. 지나고 나서 애기지만, 그때 공부 얼른 접고 다시 완벽한 놀기 모드로 돌아간 게 다행인 셈이다.

이 비결들은 들이에게만 해당되는 것은 아닐 것 같다. ADHD라는 소리를 듣는 아이들 모두에게 어쩌면 꼭 필요한 조건이 아닐까. 자기의 거취를 스스로 선택할 수 있고, 자기 시간표에 따를 수 있고, 충전과 몰입의 패턴이 보장되기만 한다면 이 아이들은 아무 문제가 없을 뿐만 아니라 놀라운 능력을 발휘할 것이 분명하다.

어른들은 이렇게 말할 수도 있겠다. "그렇게 자기 마음대로 살 수 있으면 뭐는 못해?"라고. 하지만 그렇지 않다. 누군가 다른 사람이 정해 준 영역 안에서, 정해 준 스케줄에 맞춰, 정해 준 목표를 달성하는 데 더 뛰어난 능력을 발휘하는 사람들도 많다. 그런 사람들이 더 많기 때문에 우리 사회는 그런 방식으로 교육을 하고 있는 거다. 그리고 그런 방식의 교육이 맞지 않아서 튕겨져 나온 아이들이 ADHD 아이들 아닌가. 우리 애들은 그쪽이 아닌 게 분명하다. 그쪽이 아닌 게 분명하면 이쪽 장을 제대로 한번 열어 줘 보자는 말이다.

또 다른 사람들은 이렇게 말하기도 할 것이다. "어림없는 소리 말아요. 그렇게 내버려두면 끝없이 놀기만 할걸요. 스스로 선택하라고 하면 노는 것만 선택할 테죠." 아이든 어른이든 끝없이 놀기만 하려고 드는 데는 그만한 이유가 있다. 이유 없이 계속 놀기만 하려고 드는 사람은 없다. 충분히 놀고 나면 뭔가를 하고 싶어지게 마련이다.

노는 게 지겨워질 때까지 놀게 놔둬 보라고 말하면 부모들은 코웃음을 친다. "맨날 놀았지 언제는 안 놀았나?" 이 간극은 좁혀지기가 참 어렵다. 부모가 보기에는 아이가 늘 놀기만 했고, 아이는 논 적이 없다. 아이는 왜 논 적이 없는가 하면, 늘 '원래는 이렇게 놀고 있어서는 안 되는 건데 한시적으로, 예외적으로 허락된 상태'에서 놀았거나 또는 '허락된 시간을 초과해서, 눈을 피해서' 놀았기 때문이다. 곧 중단될 또는 언제 중단될지 모르는 상태에서 놀아야 되기 때문에 언제나 제한적이고 임시적으로 놀 수밖에 없었고, 중단되면 또 언제 다시 기회를 얻게 될지 모르기 때문에 언제나 소모적이고 자극적으로 놀 수밖에 없었다. 엄밀히 말해서 논 게 아니라 잠시 풀려나 있었을 뿐이다. 대놓고 놀고, 줄창 놀고, 맘 놓고 놀아야 노는 거지, 놀도록 허락된 것은 노는 게 아니다. 그래서 놀아도, 놀아도 논 것 같지가 않은 거고, 그래서 끝없이, 끝없이 놀기만을 갈구하는 거다.

물론 아이를 마음껏 놀게 해 준다는 것이 부모로서는 결코 쉬운 일이 아니다. 아이들이 공부를 해야 한다는 걸 알면서도 실제로는 하지 못하는 것처럼 부모들도 아이를 가만 놔둬야 한다는 걸 알아도 그렇게 하지 못한다. 마음껏 놀게 놔두기로 마음을 먹어도 얼마 지나지 않아 '마음껏 노는 건 좋은데 게임은 하루에 한 시간만 하라'든지, '아무리 그래도 어쩜 그렇게 책 한 줄도 안 읽느냐'든지, '최소한 학교 숙제는 해가야 한다'든지 하게 된다. 아이를 마음껏 놀게 놔두라는 건 아이로 하여금 노는 데 대한 죄책감과 불안에서 벗어나게 하는 것이 핵심인데 그 핵심에는 도달하지 못하고 '이만큼 놀게 해줬으면 됐지' 하고 금세 원점으로 돌아가게 된다.

쉬운 일이 아닌데 나는 어떻게 할 수 있었을까 돌이켜보니 나는 들이를 마음껏 놀게 '해 준' 것이 아니라 들이가 마음껏 노는 것이 정말로 좋았기 때문에 가능했던 것 같다. 초등학교 3학년 때 학교를 그만두기로 하고 대안학교로 옮겼을 때부터 그게 내 소원이었다. '들이가 또래 친구들과 어울려 자유롭고 재미나게 놀 수만 있다면!', '들이가 사는 것이 즐겁다고 느끼면서 하루하루 살 수만 있다면!' 그래서 일반 학교로 돌아온 다음에도, 중학교 올라가서도 내 관심은 오로지 들이가 학교에서 즐거웠는지, 친구들과 뭘 하면서 재미나게 놀았는지 그것뿐이었다. 사춘기 아이들답게 유치하고 '정신나간 짓'을 하며 즐겁게 논 얘기를 시시콜콜 들으면서 들이랑 같이 낄낄거리고 키득거리며 진심으로 기쁘고 즐거웠다. 그렇게 죄책감 없이 순도 100퍼센트로 놀 수 있었기 때문에 들이는 줄창 놀기만 하며 보냈던 시간이 고스란히 에너지 충전의 시간이 될 수 있었고 몰입의 시간이 왔을 때 그 충전된 에너지를 넉넉히 쓸 수 있었던 것 같다.

아이가 목표도 없고 의욕도 없이 게임에만 목을 맨다고 애태우는 주변 부모들 얘기를 들으며 가장 안타까운 것은 '노는 것도 아니고 안 노는 것도 아니고, 공부를 하는 것도 아니고 안 하는 것도 아닌' 상태를 너무 오래 끌면서 부모와 아이가 그 갈등 자체에 매몰돼 버린다는 것이다.

IV. 문제는 아이들에게 있지 않다

중고등학생들은 괜찮나

기함할 교실 풍경

—

지금은 대학생이 된 들이가 중학교 2학년이었을 때, 공개수업에 가 보고 깜짝 놀랐다. 엄마들이 뒤에 서서 보고 있는데도 교실에 있는 학생의 절반은 딴짓을 하고 있었다. 유치원 교실보다도 훨씬 더 어수선해 보였다. 유치원이나 초등학생들은 선생님을 쳐다보고 있기라도 하지, 선생님을 아예 쳐다도 안 보고 한 시간 내내 딴짓만 하고 있는 학생들이 절반이나 되어 보였다.

지인 몇몇에게 물어보니 초등학교 공개수업은 몇 번 갔어도 중학교 이후로는 공개수업에 가 본 적이 없다고들 한다. 나도 중학교 공개수업을 처음 본 거라서 깜짝 놀랐던 것 같다. 가만히 생각해 보니 초등학교 공개수업은 담임교사가 정해진 날짜와 시간에 학부모를 불러서 준비된 한 시간짜리 수업 프로그램을 선보이는 것이고, 따라서 평상시 있는 그대로의 모습이 학부모들에게 공개되기는 어렵다. 준비되고 연출된 결과물, 즉 보여 주는 것만을 보고 오게 된다. 반면에 중학교, 고등학교 공개수업은 일주일이라는 기간 동안 언제든지 학부모들이 교실에 들어가서 볼 수 있도록 수업을 공개하는 것이다. 교사는 학부모들이 어떤 수업에 들어와서 볼지 알 수 없다. 그러므로 교사가 보여주기 원하는 모습, 연출된 상황만을 보여주기는 어렵다. 그런 점에서는 초등학교 공개수업에서는 학부모들이 실상을 엿볼 수 있는 것이 거의 없지 않나 싶기도 하다.

들이 말로는 그래도 공개수업이어서 그 정도지 평상시에는 소리 내서 떠든다고 한다.

"뒤에서는 선생님 말이 하나도 안 들려. 수업 들으려면 무조건 앞자리에 앉아야 돼. 선생님들이 되게 큰 소리로 말해야 돼. 선생님들이 수업하다가 '좀 조용히 해라, 조용히 해라' 계속 그러지."

"선생님이 '조용히 해라' 그러면 조용한 게 얼마나 지속돼?"

"지속되긴 뭐가 지속돼? 선생님이 '조용히 해라' 말하는 동안에도 계속 떠드는데. 선생님 말소리가 안 들린다니까? 멀리 있는 친구 부르다가 걔가 못 알아들으면 '야, 아무개!' 하고 소리 질러서 부르는 미친 놈들도 있어."

"선생님이 앞에서 수업하고 계시는데 소리 질러서 친구를 부른다고? 그럼 선생님이 뭐라고 해?"

"'야 인마, 너는…' 뭐라고 뭐라고 하지."

아이들 자신은 그 상황을 어떻게 느끼고 있을까.

"수업을 듣고 안 듣고를 떠나서 그런 무질서한 상황이 싫은 애들도 있을 거 아냐."

"당연히 싫지. 하루 종일 그 속에 있으면 굉장히 힘들어. 시끄러운 거 참는 것도 한두 시간이고 하루 이틀이지. 어떨 땐 진짜 짜증나서 폭발할 것 같을 때도 있어. 나만 그런 건 아닌가 봐. 가끔 애들이 너무 한다 싶으면 어떤 애가 '야, 조용히 좀 해!', '좀 조용히 하자!' 하고 소리 지르기도 해."

중학생의 절반은 ADHD가 아닐까

——   초등학생 부모들이 중학교 교실에 와서 이 광경을 보면 뭐라고 할까? 중학교 교실에서 날마다 벌어지고 있는 이 광경을 촬영해서 초등학교 교사들에게 보여주면 뭐라고 할까? 교사가 앞에 있든 말든 아랑곳없이 킥킥거리고 떠들고 장난치는 이 학생들이 초등학교 1학년 교실에 가서 이 행동을 그대로 한다면 초등학교 교사는 뭐라고 했을까? 부모한테 전화해서 '아마도 ADHD인 것 같으니까 병원에 한번 가 보시라'고 권고했을 거다.

초등학교 기준으로 볼 때는 지금 중학교 애들의 절반은 ADHD다. 그런데 중학교 교사들한테 "이 아이들이 전부 ADHD가 아닐까요?"라고 물어보면 어떤 대답이 나올까? "요즘 애들 다 그래요. 이 정도인 줄은 모르셨죠?"라고 할 거다. 똑같은 행동을 중학교, 고등학교에서 하면 '요즘 애들 다 그런 것'이 되고, 초등학교에서 하면 ADHD가 된다. 일고여덟 살짜리 어린애들이 수업시간에 떠들고 돌아다니고 딴짓하면 ADHD라 하고, 그보다 열 살이나 더 먹은 다 큰 애들이 수업시간에 장난치고 떠드는 건 '교실붕괴'라고, '지금의 학교 현실이 그렇다'고 말한다.

한번은 고등학교 시험감독을 하러 갔다. 답안지와 문제지를 나눠주자마자 일고여덟 명이 책상에 엎드려 자기 시작했다. 학급 인원의 4분의 1이다. 감독 교사가 학생들 답안지에 학번 코딩이 잘 됐는지 일일이 확인을 해야 되는데, 자는 애들 팔꿈치를 들고 겨드랑이 밑으로 겨우 사인을 하고 있었다. 어떤 학생은 얼굴로 답안지를 깔고 있어서 교사가 깨웠더니 얼굴만 살짝 든다. 교사더러 얼른 빼서 가져가라는 뜻이다. 교사가 학생 뺨에 붙은 답안지를 떼서 사인을 했다. 한 학생은 잠을 안 자고 다리를 쭉 뻗고 거의 눕다시피 길게 기대 앉아서 문제지 접은 걸로 부채질을 하고 있었다. 교사가 두 번이나 가서 답안지에 이름이라도 적으라고 말했지만 끝내 하지 않았다. 그 학생은 시험이 끝날 때까지 부채질을 하다가 종이 울리자마자 부채질하던 문제지를 책상에 던져놓고 밖으로 나갔다. 또 다른 학생은 하필이면 듣기평가 방송이 시작되자마자 화장실을 가겠다면서 밖으로 나갔다.

초등학교에서는 이런 학생을 어떻게 할까? 분명, 이렇게 하도록 놔두지 않을 거다. 시험지를 받자마자 엎드려 자는 애를 깨울 것이고, 다리를 쭉 뻗고 눕다시피 앉은 애를 똑바로 앉도록 할 것이고, 답안지에 이름을 기어코 적게 할 것이고, 부채질을 그만두고 그 문제지를 펼쳐서 보게 할 것이고, 듣기평가 방송이 끝난 다음에 화장실에 가게 할 것이다. 그러나 고등학교에서는 그냥 놔둔다.

똑같은 행동을 해도 고등학생은 놔두고 초등학생은 가만 놔두지 않는 이유는 뭘까?

첫째, 고등학생을 강제로 말을 듣게 하려다가는 골치 아픈 상황이 벌어질 수 있다. "아, 뭐요!" 하고 대들기라도 하면 시험감독을 하다 말고 학생과 대거리를 해야 한다. 시끄러워질 것이고, 몸싸움이 벌어질 수도 있고, 생활지도부로 끌고 가야 할 상황이 될 수도 있다. 다른 학생들 시험 보는 데 방해가 되지 않으려면 그냥 조용히 놔두는 수밖에 없다. 그런데 초등학생은 이렇게까지 될 위험은 없다. 말을 듣게 하기가 손쉽다.

둘째, 고등학생쯤 되면 공부를 포기했을 수도 있다는 게 납득이 된다. '이제 와서 공부를 한다고 되겠나, 다 포기했는데 몇 문제 풀어 본다고 뭐가 달라지겠나, 큰 사고 안 치고 무사히 졸업만 해도 어디냐…' 그러나 초등학생은? '공부는 습관인데 어려서부터 무조건 열심히 해야지 왜 안 해? 벌써 포기한다는 게 말이 돼? 뭔가 다른 문제가 있는 게 틀림없어. 학습장애인가? ADHD인가?' 이렇게 된다.

셋째, 고등학생은 교사라도 결국 자기를 어떻게 하지 못할 거라는 걸 안다. '내가 말 안 듣는다고 나를 때릴 거야, 어쩔 거야. 이런 일로 나를 퇴학을 시킬 거야, 어쩔 거야.' 겁날 것도 아쉬울 것도 없다. 골치 아픈 상황이 될까 봐 겁나는 건 교사지, 학생이 아니다. 학생은 교사가 조용히 그냥 넘어갈 거라는 걸 너무 잘 알고 있다. 그런데 초등학생은? 어른한테 혼나는 상황이 무조건 무섭다. 일단 겁을 먹는다.

다시 말해서, 고등학생은 다루기가 만만치 않으니까 가만 놔두는 거고, 초등학생은 만만하니까 가만 안 놔두는 거다.

어려서 당하는 거라고밖에는

중고등학교에서는 학생
이 수업시간에 집중을 하든 안 하든, 공부를 포기했든 안 했든 그게
문제가 아니다. 폭력이라든가 가출이라든가 이런 게 더 큰 문제다. 왕
따 때문에 자살하는 아이도 있고, 교사를 때리는 아이도 있고, 학교
에 불 지르는 아이도 있다. 수업시간에 딴짓 하고 떠드는 것 정도 가지
고는 부모한테 말할 거리도 안 된다. 중고등학교에서 학부모한테 연락
을 한다는 건 최소한 '애가 학교에 안 왔어요'라든가 '다른 애를 패서
이를 부러뜨려 놨어요'라든가… 이 정도 문제가 발생한 경우다.

부모한테 연락을 한다고 해서 뭐가 해결되는 것도 아니다. 그냥 '와
서 상대방 애 부모하고 합의 봐라, 치료비 물어 줘라' 그런 거다. '어떻
게, 학교 계속 보내실 건가 전학을 할 건가' 그런 거나 의논하자는 거
다. 아이에 관해서 그 이상의 깊은 고민이나 의논은 하지 않는다. 다
큰 애가 학교 안 가고 딴 데로 새고 주먹질 하고 그러는 걸 부모가 어
떡할 건가.

학교보다 오히려 부모와의 관계가 더 심각하게 망가져 있는 경우도
많다. 차라리 학교에서 그나마 사람답게 살고 있었을 수도 있다. 아이
가 어렸을 때 '버릇 가르친다'면서 함부로 도를 넘었던 부모들이 애가
사춘기 넘으면 속수무책이 되는 경우를 많이 당한다. 어렸을 때는 별
것 아닌 일 가지고도 애를 발가벗겨서 내쫓고 그랬던 부모들이 애가
사춘기를 넘어서면 무서워서 못 건드린다. 괜히 잘못 건드렸다가 더
비뚤어질까 봐, 더 큰 사고 칠까 봐. 그러니 웬만하면 그냥 놔두는 수

밖에 없다.

애들 입장에서는 이걸 어떻게 받아들일까? 어렸을 때는 게임 시간 세 번 어겼다고 소리소리 지르고 전원 코드 뽑고 컴퓨터 초기화시켜 버리고 하더니, 이제는 커서 "제발 나 좀 가만 놔두라고!" 미친놈처럼 악을 쓰고 뛰쳐 나가서는 며칠 있다 들어왔더니 그 다음부턴 밤 열두 시까지 게임을 해도 가만 놔둔다. '아니, 이래도 되는 걸 어렸을 때는 왜 그랬던 거야? 그때 그렇게까지 혼을 낼 일이었으면 지금도 하늘이 두 쪽 나도 안 되는 일이어야지. 지금 이렇게 해도 되는 일이면 그때 그렇게까지 심하게 하지는 말았어야지. 그럼 어렸을 때 당한 건 다 뭐가 돼?' 그땐 어려서 당했던 거라고밖에는 설명이 안 되는 거다.

ADHD 약 먹이는 것도 그런 거다. 애들이 어려서 당하는 거라고밖에는 말을 할 수가 없다. 똑같은 짓을 하는데 왜 중고등학교에서는 애들한테 ADHD 약 먹일 생각을 안 할까? 똑같이 집중 못하고 공부 안 하고 학교에서도 하루 종일 딴짓, 학원 가서도 끝날 때까지 딴짓만 하다 오는데, 왜 중고등학생 애들은 ADHD라고 안 하나? 왜 그애들은 약을 먹여서라도 집중해서 공부하도록 못 만드나?

어린애들은 쉽게 다룰 수 있는 존재라고 생각해서 그런 거다. 애들이 유치원 다니고 초등학교 다닐 때는 부모도, 교사도 그 애들을 자기가 마음대로 다룰 수 있다고 생각한다. 아니, 자기 마음대로 다룰 수 있어야 한다고 생각한다. 잘 안 다뤄지는 애는 어디가 좀 이상한 애다. 어른 마음대로 다뤄지지 않는 아이가 있으면 굉장히 생소하고 불편하고 비정상적이라고 느껴지는 거다.

이게 어른들이 가지고 있는 일반적인 생각이다. 아이는 어른이 다루는 대로 다뤄진다는 생각, 어른에 의해 쉽게 다뤄지지 않는 아이는 문제가 있는 거라는 생각…. 그것도 아주 심각하게 문제라고 생각한다. 중추신경계에 작용하는 향정신성 약물을 먹여서라도 다뤄야 할 정도로 아주 아주 이상하다고 보는 거다.

그러다가 사춘기가 되고 덩치도 커지고 힘이 세지면 그때부터는 "요즘 애들이 어디 어른 말 들어?"라고 말하기 시작한다. 이때부터는 '애들은 원래 어른 뜻대로 안 된다', '큰 사고 안 치는 것만 해도 어디냐'라고 생각한다. 애를 어른 마음대로 다루려고 해 봤자 안 된다는 걸 알고 포기하기 시작한다. 이제부턴 그저 아이가 이보다 더 망가지지 않기만을 바란다. 머리가 굵어져서 이제는 집을 나가도 생존이 가능해졌기 때문이다.

왜 초등학생은 개인의 문제인가

―――   일곱 살짜리 아이는 아무리 말 안 듣고 반항을 해 봤자 소용없다. 애가 아무리 반항해도 어른은 콧방귀도 안 뀌고 어른 뜻대로 그냥 하면 된다. 아이의 반항은 아무 위협이 되지 않는다. 집을 나갈 수가 있나, 어디 가서 무슨 사고를 칠 수가 있나. 그래 봐야 더 세게 혼나기만 하지. 아무리 울고불고 별짓 다해도 부모가 번쩍 들고 가버리면 그만이다. 그러니 이게 힘의 문제가 아니고 뭐란 말인가?

어리고 힘이 없어서 당하고 있는 것뿐이다. 몇 년 더 크면, 그래서 어른만큼 덩치가 커지고 힘이 세지면, 그래서 조금이라도 위협을 가할 수 있게 되면 어른들이 이렇게까지 함부로 하지는 못한다.

초등학생들도 모두 중고등학생들처럼 행동할 수 있어야 한다는 말이 아니다. 초등학교나 중고등학교 모두 교실붕괴 현상이 일어나고 있는 건 마찬가지인데, 중고등학교에서는 많은 학생들이 일반적으로 하는 행동이어서 그것을 '교실붕괴'라고 해석하고 있고, 초등학교에서는 소수의 학생들이 그런 행동을 하기 때문에 학생 개인의 부적응 행동, 이상 행동으로 해석하고 있는 것이 아닌가, 그런 얘기다.

초등학교에서는 왜 교실붕괴 현상이 중고등학교에서만큼 심각하지 않은 걸까? 초등학교에서는 한 학급을 담임교사 한 명이 맡고 있으니까 아무래도 장악력이 있다(중고등학교에서는 교사 개인의 역량이나 성정에 따라 교실 장악력에 큰 차이가 있다. 어떤 선생님 시간에는 애들이 조심하고 어떤 선생님 시간에는 난장판이 된다). 초등학교에서는 담임교사가 제왕적 권력을 가지고 있고, 교사는 학생에게 체벌이 아니어도 체벌에 준할 정도의 위협을 가할 수 있다. 신체적인 것이 아닐 뿐, 교사는 힘으로 학생을 통제하고 지배할 수가 있는 것이다. 그렇게 힘으로도 다스려지지가 않는 소수의 아이들이 도드라져 눈에 띄는 것뿐이다.

부모와 교사들 이야기

약을 끊었다 먹이기를
반복하는 부모들

── 『ADHD는 없다』를 내고 나서 강
연과 간담회, 부모모임 등을 통해서 많은 부모들을 만났다. ADHD
를 둘러싼 우리 사회의 문제를 토론한다는 점에서도 의미가 있었지만
ADHD 진단을 받은 아이의 부모들이 공개적으로 서로의 이야기를
털어놓고 나눌 수 있는 기회가 마련되었다는 점이 무엇보다 의미 있는
일이었다.

ADHD 아이의 부모들은 그동안 어디 가서도 마음 편히 고민을 털
어놓을 수 없었다. 편견과 따돌림을 염려하지 않고 아이의 문제에 관
해 속을 털어놓을 수 있는 대상은 의사나 치료사, 상담사들 외에는 없
었고, 자연히 문제의 원인이 아이의 장애나 질병이라는 전제 위에서
그쪽 방향으로 가닥을 잡을 수밖에 없었던 것이 사실이다. 그와 다른
방향의 고민을 하려면 혼자 해야 했다.

부모모임에 참가한 부모들은 ADHD 진단을 받고 약을 먹이다가 어

쩔 수 없이 약물치료를 중단한 경우가 대부분이었다. 진단을 받고도 약물치료를 시작하지 않았거나 반대로 약물치료를 중단 없이 계속하고 있는 경우는 없었다. 진단을 받고 약물치료를 주저하다가 늦게 시작한 경우는 있어도 어쨌든 다들 약물치료 시도를 하기는 했다. 그렇게 한동안 약을 먹이다가 부작용 때문에 도저히 더 먹일 수 없어서 중단하고, 시간이 흐르면 또다시 병원을 찾아가서 약물치료를 시작하고, 또 도저히 안 되겠어서 중단하고…. 이렇게 약물치료를 다시 시작했다가 중단했다가 하는 일을 몇 년에 걸쳐 반복하고 있는 경우가 많았다.

약을 먹여 본 부모들은 왜 아이에게 약을 계속해서 먹일 수 없었는지에 대해 말하면서 울컥 눈물을 쏟기도 한다. 의학적으로 가장 흔히 나타날 수 있는 부작용은 밥을 잘 먹지 못하고 잠을 잘 못 자는 것이라고 알려져 있는데, 실제로 약을 먹여 본 부모들은 그 부작용이라는 게 그렇게 말로 간단히 설명할 수 없는 것이라고 입을 모은다. 어른 입장에서는 통제하기 수월해질지 몰라도 아이 자신은 너무나 힘들고 불행해 보인다고. 하루 이틀도 아니고 날마다 그렇게 영혼이 빠져나간 것 같은 상태로 살아가는 아이를 지켜보는 것이 너무나 괴로워서 도저히 약을 계속 먹일 수가 없다는 것이다.

게다가 아이가 무기력해져서 행동으로 옮기거나 표현하지 않을 뿐이지 아이가 내면에 쌓아두는 분노는 더 심각해 보인다고 엄마들은 다투어 말한다. 또 학교 선생님으로부터 전화가 오는 일이 줄기는 했지만 아이의 학교생활이 어떤 면에서든(공부에서든, 친구 관계에서든) 나아졌다고 보기 어렵고, 아이는 여전히 힘들어한다는 것이 공통적인 경험담이었다. 종합해 보면, 선생님이 직접 나서서 처리해야 할 사건들이 줄어들 뿐, 아이가 지내기 힘든 건 똑같다는 것이다.

나도 부모모임을 하기 전에는 이러한 실제 사례들을 접할 기회가 없었다. 그저 나와 내 아이 개인의 경험이었고, 이 경험을 바탕으로 책이나 다른 매체들을 통해 내가 알게 된 사실들을 다른 부모들과 공유하자는 차원에서 책을 썼다. 이 책을 계기로 만나게 된 많은 부모들과 많은 사례들을 접하고서 나는 책이나 다른 매체들을 통해서는 알 수 없었던 몇 가지 사실들을 더 알게 되었다.

교사들은 ADHD에 대해 얼마나 알고 있을까
—
내가 가장 심각하다고 느낀 것은 ADHD 진단 기준과는 전혀 상관없는 문제들, 예를 들면 반항적이라든가 폭력적이라든가 아이들 사이에서 싸움을 자주 일으킨다든가 불성실하다든가 이런 문제로 학교 교사로부터 ADHD가 의심된다는 말을 듣고 병원을 찾아서 ADHD 진단을 받게 된 경우가 상식적인 수준 이상으로 너무나 많다는 것이다. 초등학교 저학년은 거의 대부분 수업 분위기 방해나 학습부진, 고학년은 비행이나 폭력 또는 왕따를 당하는 등의 문제로 ADHD가 언급되고, 결국 '아이가 알고 보니 ADHD여서 그랬던 것'으로 결론을 내리고, 아이에게 약물을 복용시키는 것으로 마무리되는 경우가 아주 전형적인 수순이었다.

간담회에서 만난 교사들 대부분은 '어른들의 요구나 규칙에 따르기를 거부하거나 반항한다', '다른 사람을 고의로 괴롭힌다', '다른 사람이 살짝 닿기만 해도 쉽게 짜증낸다', '이성을 잃고 화를 터트린다' 같은 항목을 ADHD가 의심되는 특성으로 알고 있었다. 이 항목들은 모두 ADHD와 관계없는 품행장애 진단 기준이다. 일선 교사들은 주로 학급에서 이런 행동을 보이는 학생의 부모에게 ADHD 검사를 해볼 것을 권유해 왔다고 말했다. 교사들은 정작 '주어진 일이나 활동을 조직화하는 데 어려움을 느낀다', '조용히 하는 활동이나 놀이에 어려움을 느낀다' 같은 ADHD 진단 기준이 되는 특성에 대해서는 잘 모르고 있었다.

지역아동센터나 어린이집 교사들도 마찬가지였다. 부모의 돌봄이 부족하거나 가족 중에 아이를 돌볼 사람이 아예 없어서 방치되다시피 한 아이들의 경우 특히 ADHD가 많다고 입을 모아 말한다. 그 교사들은 부모가 신경 쓰지 않고 내버려둔, ADHD가 의심되는 아이를 병원에 데리고 가서 진단과 처방을 받아서 약을 챙겨 먹이기도 한다. 교사들은 그렇게 하는 것이 아이를 돕는 일이라고 확신하고 있었다. 그 아이의 어떤 점에서 ADHD를 의심하게 됐는지 물어보면 거의 대부분 품행장애에 해당하는 특성들을 말한다.

종합해 보면, 교사들은 대부분 교사의 지시나 규칙에 잘 따르지 않고 원활히 통제되지 않는 학생, 수업이나 활동의 흐름에 방해가 되는 학생, 학생들 간에 다툼이나 소란을 일으켜서 교사가 개입해야 하는 상황을 만드는 학생들을 ADHD로 생각하고 조치를 취한다. 실제로 교사들은 이런 학생들로 인해 피로감을 느끼고 있고 학급 전체를 통제하는 데 큰 어려움이 있다고 호소한다. ADHD 특성이 아닌 품행장애 특성을 보이는 아이들에 대해 병원에서는 어떻게 해서 ADHD 진단을 내리게 되는지에 대해서는 이 책의 1장 'ADHD에 대한 오해들'의 'ADHD 검사에 대한 오해' 부분에서 다루었다.

이렇게 품행장애 특성에서 비롯되었을지라도 어쨌든 ADHD 진단을 받고 나면 학교와 부모의 입장은 순식간에 달라진다. 진단을 받기 전까지는 아이의 문제에 대해 교사와 부모가 서로 의논하는 입장이었다면, 진단을 받고 나서는 부모는 학교의 요구를 들어야 하는 입장이 된다. 학교는 아이에게 약을 먹일 것을 요구하고, 만약 학부모가 일방적으로 복용을 중단하면 학교 측으로부터 강한 압박을 받게 된다.

이때 전면에 나서는 것은 대개 다른 학부모들이다. 같은 학급의 학부모들은 ADHD 아이로 인해 자기 아이가 직접적으로 피해를 받았거나 또는 수업 분위기에 방해가 된다는 이유로 ADHD 아이에게 약물 복용을 요구하고 감시하며 계속해서 압박을 가한다. 대놓고 전학을 요구하는 일도 많다고 한다. 이와 같은 압박 때문에 세 번이나 전학을 한 사례도 있었다.

치료가 답이 아니다

내가 책을 쓰기로 결심한 이유 중 하나는 그게 어떤 약인지도 모른 채 아이를 치료할 수 있다고 믿고 약을 먹이는 부모들이 많을 거라는 걱정이었다. 그런데 막상 약을 먹이고 있는 부모들을 만나 보니 그런 부모는 별로 없었다. 약에 대해서는 나보다 더 잘 알고 있었다. 그 약이 어떤 약인지 알지만 학교를 다니려면 달리 어쩔 도리가 없기 때문에 먹인다는 것이다.

학력 위주의 우리 사회에서 학교는 절대 권력이나 다름없다. 아이가 학교를 다니지 않은 채로 어른이 되어 이 사회 구성원이 된다는 것을 부모들은 상상하기 어려워한다. 그러니 최소한 고등학교까지만이라도 어떻게든 졸업할 수 있다면 부모는 무슨 짓이든 할 수밖에 없다. '무슨 짓이든 못할 게 없는' 그 상황에서 의사가 권하는 약물치료를 부모가 처음부터 아예 시도해 보지도 않고 선택지에서 과감히 제외시키기는 어렵다.

이런 상황에서 오로지 아이를 믿어주고 지지하는 것만이 해결책이라고, 학교와 아이 중에서 아이를 우선순위에 놓으라고, 그렇게 해서 아이가 자신을 지킬 수 있게 되면 아이가 자신의 필요에 따라 학교를 선택할 수도 있다고 하는 말은 어쩌면 공허한 메아리에 불과한 것인지도 모르겠다. 물에 빠져 허우적거리다가 본능에 따라 필사적으로 구조대원을 끌어안아 버린 사람에게 지금 당신이 붙들고 있는 그 구조대원 팔을 놓으라고, 그래야 당신이 살 수 있다고 목이 터지게 소리친다 해도 당장 죽을 것 같은 공포에 휩싸인 사람이 그 손을 놓기란 어쩌면 불가능한 일일지도 모른다.

대부분의 부모들은 처음부터 치료제가 아니라는 사실을 알면서도, 아이에게 해로운 약이라는 걸 알면서도 지푸라기라도 잡는 심정으로 약을 먹이기 시작한다. 그러다가 그렇게 해서 어떤 해결도 되지 않는다는 것을 깨닫고 나면 아이를 데리고 심리치료를 받으러 여러 곳을 돌아다니며 많은 시도들을 한다.

아이는 계속 학교에 다니기 어려울 것 같으니 어떤 방법이든 찾아야만 하는 부모들의 절박한 심정은 이해할 수 있다. 다만 문제가 아이에게 있고, 그래서 아이를 치료해야 한다는 전제가 있는 한 그 어떤 심리치료든, 힐링캠프든, 대안학교든 간에 그 모든 것들은 약물치료와 별반 다르지 않을 것이라는 점을 정말 간곡히 말하고 싶다.

'어떤 치료를 받으면 우리 아이 마음이 건강해질 수 있을까, 어떤 학교를 보내면 우리 아이가 반듯한 아이로 자랄 수 있을까'가 기본적으로 깔려 있는 한 어떤 학교를 보내든, 어떤 선택을 하든 계속 같은 자리에서 맴돌 수밖에 없다. 건강한 아이, 반듯한 아이에 대한 상이 부모 머릿속에 정해져 있으면 거기에 들어맞지 않는 한 아이는 그 건강한 아이가 될 때까지 계속 치료를 받아야 하고, 그 반듯한 아이가 될 때까지 계속 뭔가를 깎고 덧붙이고 고쳐야 하기 때문이다.

들이가 다녔던 대안학교가 어디인지 알려 달라, 아니면 좋은 대안학교를 추천해 달라는 요청을 많이 들었다. 들이에게 대안학교가 좋은 전환점이 되었던 것은 사실이다. 그 시기에 대안학교로 옮겼던 것은 지금 생각해도 정말 신의 한 수였다. 하지만 어떤 대안학교가 좋은지는 사람마다 다를 것이고, 또 대안학교로 옮기는 것이 과연 모두에게 정답이 될지는 모르는 일이기 때문에 어떤 대안학교도 추천할 수 없었다. 다만, ADHD를 아예 머리에서 지워 버리고 좋은 학교를 찾으시라고, ADHD 아이들을 위한 대안학교가 있다면 그 학교는 피하는 것이 좋겠다고 답하곤 했다.

서로를 있는 그대로 인정하고 서로 다른 사람들끼리 자연스럽게 어울려 살아가는 것을 중요한 가치로 여기는 사람들이 모인 곳을 찾고자 해서 대안학교에 가려는 것이라면 모를까, 어떤 면에서든 특별한 아이들만을 모아서 어떤 정해진 목표(그것이 치유든, 정상화든, 성공이든, 그 무엇이든 간에)에 도달하고자 하는 학교라면 아마도 공교육 학교보다도 더 아이가 못 견뎌할 가능성이 높다. 이 아이들의 통찰력과 정서적 직관을 다시 한 번 통렬히 확인하게 되지 않을까. 아예 'ADHD 아이들을 위한 학교'라고 대놓고 홍보하는 학교에 부모 손에 이끌려 들어간 아이가 자신에 대해 어떤 느낌을 갖게 될지 걱정이다.

약을 끊지 못하는 청년들
—
부모들뿐만 아니라 ADHD 약을 먹은 당사자들한테서도 이메일을 여러 통 받았다. 부모들만 이런 책을 읽는 게 아니라는 게 놀라웠다. ADHD 진단을 받고 약을 먹고 있는 청소년 자신들도, 그리고 그렇게 자라서 성인이 된 뒤에도 끊임없이 이 문제에서 놓여나지 못하고 있다는 게 안타까웠다. 이들이 나에게 보내는 메일은 모두 '감사하다는 말씀을 드리고 싶어서'라는 내용이다. 그게 무슨 말인지 너무 잘 알겠어서 그런 메일을 받을 때마다 가슴이 많이 아팠다.

그중에는 성인이 된 후에도 본인 스스로 병원을 찾아가 ADHD 약을 처방받아서 계속 먹는다는 청년들이 꽤 있었다. 대학에서도 경쟁이 치열하고 대학 졸업 후에도 취업 고시다 자격증 시험이다 해서 계속 압박을 받는데, 이러면 안 된다는 것을 알면서도 자꾸만 약에 의지하게 된다는 것이다. 병원에 가서 어떻게 말하면 ADHD 약을 처방받을 수 있는지 잘 알 뿐만 아니라 자기가 원하는 대로 약의 용량을 늘릴 수도 있다고 했다. 한 청년은 학교 다닐 때는 자기한테 이런 약을 먹으라고 강요하는 어머니를 원망했는데 이제는 어머니 모르게 자기 발로 병원을 찾아다니며 약을 끊지 못하는 자신이 싫다고 했다.

시험이 다가올수록 용량을 점점 늘리다 보니 하루 종일 손이 떨리고 심장이 터질 것 같아서 '이러다 죽을 수도 있겠다' 싶어 겁이 나는데 그래도 약의 용량을 줄일 수는 없다고 말하는 청년도 있었다. 어떻게든 이번에는 합격해야 하니까 어쩔 수 없다고…. 취업만 되고 나면 반드시 끊겠다고 그 청년은 말했지만 내가 보기에는 끊기 어려울 것 같아 보인다. 청소년기에 시작한 약물을 서른 가까운 나이가 되도록 끊지 못하고 있는데 과연 취직이 된 후라고 해서 크게 달라질까. 직장 생활에도 학교 시절과 똑같이 압박이 있고 경쟁이 있다. 어려서부터 자기 힘으로 압박을 견뎌냈던 경험이라고는 없이 언제나 약의 도움을 받았던 청년이 이제 와 갑자기 약을 끊는 것이 쉬운 일일까. 청년들은 학교 다닐 때가 인생에서 가장 힘든 시절일 거라고, 취직하고 나면 이렇게까지 힘든 일은 없을 거라고, 그러니까 취직할 때까지만 잠시 약에 의지하는 거라고 말하지만 내가 보기에는 참 걱정스럽다. 사회에 나와도 견디기 힘든 일은 여전히 많을 텐데 과연 약을 끊을 수 있을까.

약 자체의 중독성에 대해 의사들은 뭐라고 해명할지 모르겠지만, 약의 도움 없이 자기 자신의 의지와 능력으로는 아무것도 할 수 없다는 믿음이 어린 시절부터 굳어져 버린 것이야말로 큰 문제가 아닐 수 없다. 아이에게 더 이상 약을 먹이지 않겠다고 결심하고 아이와 함께 시골로 이사까지 했던 엄마가 1~2년 뒤에 다시 약을 먹이고 있다기에 무슨 일이 있었나 물어 보니 "성적이 떨어져서요. 아무래도 안 되겠더라고요. 약 먹으면 확실히 성적은 잘 나오거든요"라고 했다. 부모가 이런 식으로 해서 아이를 약물 의존이 되게 만든다. 약 먹으면 성과가 나니까, 손만 뻗으면 손쉽게 약의 도움을 받을 수 있으니까…. 그 결과 아이가 대학생이 되어서도, 취업준비생이 되어서도, 직업을 갖게 된 뒤에도 평생 약에서 벗어나지 못하는 것이다.

아이들이 덮어쓴 ADHD

ADHD 진단과
약물치료에 반대하는 이유
———   나는 처음에는 단지 약
물치료에 반대하는 입장이었다. 부모로서 약물치료에 반대할 이유는
너무나 명백했다. 첫째, 일시적인 효과만을 목적으로 하는 약이고 따
라서 근본적으로는 결코 아이에게 도움이 되지 않는 약이기 때문에.
둘째, 코카인과 같은 등급으로 분류될 정도로 위험한 마약류의 각성
제이기 때문에. 셋째, 식욕, 수면욕 등 생물적 본능에 속하는 욕구를
방해하는 약이기 때문에(본능적 욕구를 약물로 억압하는 건 가장 비인간적인
폭력이다. 성폭력 범죄자에게 화학적 거세를 하는 것도 비인간적인 처사로 논란이
되는데, 학교생활에 문제가 있다는 이유만으로 아이들에게 이런 약을 먹이다니!).
넷째, 몸에 좋은 약이라 해도 몇 년씩 장기복용 하는 것은 결코 좋은
일이라 할 수 없는데 하물며 중추신경을 자극하는 각성제를 그렇게
오래 먹일 수는 없기 때문에. 다섯째, 아이 자신의 건강이나 생존에
필요해서가 아니라 사회와 학교, 부모의 사회적 목적에 맞게끔 아이

의 신체에 약물을 투여해서 인위적인 작용을 일으키는 것은 한 인간으로서의 아이의 존엄성과 주권을 침해하는 일이기 때문에.

그래서 약물치료가 아닌 해결 방법을 찾으려다 보니 원인을 파고들게 됐다. 해결을 하려면 정확한 원인을 알아야 하니까. 그 결과, ADHD의 원인에 대해서는 밝혀진 바가 없다는 것과 따라서 원인을 치료할 방법도 당연히 없다는 사실을 알게 되었고, ADHD를 병이라고 볼 수 있는 근거가 되는 어떤 연구결과도 없다는 사실을 확인했다. 그러고 나니 당연히 ADHD 진단에 대한 의문이 들기 시작했다. 그렇다면 의사들은 무엇을 근거로 진단을 내리는 것인가? ADHD라고 진단을 내리는 데는 오로지 부모와 교사의 관찰 의견만이 근거가 된다는 사실과 그렇기 때문에 너무나 쉽게 ADHD로 잘못 진단받을 가능성이 있다는 것을 알게 됐다.

부모 사이가 좋지 않거나, 가정이 해체될 위기에 처하거나, 아이가 부모에게 사랑받지 못한다고 느끼거나, 부모 중 한 명이 우울하거나 혼란을 겪고 있을 경우, 아이가 극심한 스트레스를 받고 있을 경우에 ADHD 증상을 보일 수 있다고 임상심리학자들은 말한다. 이런 경우, 아이가 견디고 있는 불안과 걱정, 스트레스를 충분히 표현할 수 있게 해주고, 아이가 느낀 불안의 원인이 되는 상황을 솔직하게 공개하고, 아이가 안심할 수 있는 최소한의 안전을 보장해 주는 것만으로도 아이는 ADHD 증상을 보이기 이전의 상태로 돌아갈 수가 있다.

4~5년 동안이나 별거 상태로 지내면서 아빠가 사업 때문에 너무 바빠서 집에 올 수 없다고 거짓말을 해 온 것만으로도 들이로서는 자

기가 견딜 수 있는 불안과 혼란의 한계점에 다다랐던 건데, 초등학교에 입학하면서 친척집에 아예 맡겨 버리다시피 하고 엄마는 겨우 잠만 같이 자는 생활이 이어지면서 결국 한계를 넘어가 버린 것이다. 3학년 때 이혼 사실을 알리고, 너를 어디에도 맡기거나 보내지 않을 것이며, 성인이 될 때까지 엄마랑 둘이서 같이 살 거라는 믿음을 주고 나서, 그제야 들이는 그때까지 속으로 참아만 왔던 감정을 표현하기 시작했다. 엉엉 울기도 하고, 엄마한테 화도 내고, 비난하기도 하고 못되게 굴기도 했다. 이 모든 것은 아이가 안심했다는 표현이었다. 그 전까지는 언감생심 엄마한테 이렇게 하지 못했다. 엄마한테는 아무 짓도 못하고 그저 학교 가서 멍때리고 있거나, 문제를 못 풀고, 물건을 잃어버리고 그랬던 것이다. "엄마 미워!"라고 할 수 있는 것은 이제야 비로소 엄마를 믿고 안심할 수 있다는 표현이었다. 이런 감정을 다 받아 주고 나니까 아이는 아주 빠른 속도로 제자리로 돌아오기 시작했다. 1년도 채 안 걸렸다.

그래서 나는 '우리 들이는 ADHD가 아닌데 ADHD로 잘못 진단됐다'는 결론을 내렸다. 그런데 과연 우리 들이만 그런 걸까? 아이의 불안을 해결해 주고, 아이의 자존감을 높여 주고, 부모와의 유대와 신뢰를 회복하고, 아이를 인정하는 환경으로 바꿔 주는 것만으로 모든 문제가 해결된 것은 우리 들이에게만 해당되는 일이었을까? ADHD 진단을 받은 다른 아이들은 이런 방법으로는 해결이 안 되고 꼭 약을 먹어야만 하는 걸까?

우리 들이만 진단을 잘못 받았고 다른 아이들은 다 ADHD 진단이 타당할 것이라고 보기는 어렵다. 수많은 아이들이 들이처럼 교사나 의사 한두 명의 지극히 주관적인 판단에 의해 ADHD 진단을 받았을 수 있고, 어처구니없게도 아무 이유 없이 위험한 약물을 복용하고 있을 수 있다. ADHD라는 꼬리표를 달고 억울하고 부당한 대접을 받으며 매일 약을 먹고 있는 수많은 아이들도 들이처럼 단지 부모의 인식과 교육 환경을 바꾸는 것만으로도 얼마든지 성숙한 태도와 행동으로 건강하게 사회생활을 해 나갈 수 있는데, 방법이 없다고 생각하고 그냥 무조건 약을 먹고 있는 것일 수 있다. 약을 먹은 그 아이들은 과연 우리 들이만큼 행복해졌을까? 그 아이들도 자기 자신을 믿고 자랑스러워하고 다른 사람을 이해하고 수용하고 세상과 화합하며 살아가고 있을까?

이제는 들이가 정말로 ADHD였다 아니다는 하나도 중요하지 않다. 들이는 그냥 들이다. 예전에는 학교 다니기 힘들어했던 들이였고, 지금은 학교 다니는 게 재미있기도 하고 때로 귀찮기도 한 들이다. 예전에는 친구가 없었고 지금은 친구가 많아진 들이일 뿐이다.

사회 전체가
개인에게 가하는 '왕따'일 뿐

—   개화기에 사진기라는 물건이 처음 들어왔을 때, 사진에 찍히면 영혼이 빠져나가 곧 죽게 된다는 미신을 믿는 사람들이 많았다. 미신이란 이렇게 '공포'와 연관된 경우가 많다. 뭐든지 공포와 연결되면 사람들은 의외로 쉽게 사로잡

한다. 말도 안 되는 얘기인 줄 알면서도 거기서 벗어나지 못한다.

ADHD도 그런 것이다. 사진기가 영혼을 빼앗아가는 일 따위는 없다는 걸 어떻게 설명해야 사람들이 믿을까? 사진을 찍히고도 멀쩡히 살아 있다는 걸 보여 줘도 사람들은 믿지 않는다. '쯧쯧… 지금은 멀쩡해 보여도 곧 죽을 테지'라고 생각한다. 질병이나 장애로서의 ADHD는 애초부터 없었다는 걸 어떻게 설명해야 사람들이 믿을까?

ADHD는 사람의 몸에서 일어난 문제가 아니라 사회가 만들어 낸 문제다. 애들만 그런 게 아니다. 여성이 각자 개성을 가진 개인으로서 인정받지 못하던 예전 사회를 기준으로 보자면, 요즘 젊은 여성들 대부분은 아마도 비정상 취급을 받았을 것이다. 집안 살림을 알뜰살뜰 체계적으로 하지 못하고 덤벙덤벙 실수투성이에, 밖으로만 나돌고, 어른들 눈 똑바로 보고 따박따박 할 말 다 하는 젊은 며느리를 예전에는 어떤 병명으로 불렀을까.

사회가 분화되기 전에는 개인의 의식이라는 게 분명치 않았다. 어머니들은 그냥 다 어머니고, 아버지들은 그냥 다 같은 아버지였다. 동네에 계신 이 할머니나 저 할머니나 별로 다를 것이 없는, 할머니면 다 똑같은 할머니였다. 아이들도 마찬가지였다. 이 아이나 저 아이나 별로 다를 것 없이 동네 애들은 그냥 다 애들이었다. 어느 집 며느리면 그냥 며느리지 개성을 가진 아무개로서의 '나'는 없었다. 개인들이 저마다 '나는 나'라는 자각이 생기기 시작한 건 얼마 되지 않은 일이다.

시댁 식구들과 대놓고 다투는 며느리를 예전에는 상상할 수 없었다. 그러나 요즘 세상에는 시집의 구성원 개인들과 며느리 개인 간에는 당연히 마찰이 있을 수 있고 서로가 서로를 존중하면서 맞춰야만 함께 살아갈 수 있다.

예전 전통사회에서 며느리로서의 역할로만 자신을 인식하지 않고 개인으로서의 '나'를 자각한 여성들을 억압하기 위해 '칠거지악七去之惡'이라는 게 있었다. "다른 여자들은 다 똑같은데 왜 너만 튀어?" 이러면 칠거지악에 걸리는 거다. 어찌보면 그 칠거지악이 오늘날 학교에서의 ADHD 같은 거다. 다른 애들은 다 선생님이 시키는 대로 하는데 왜 너만 못해? 열 번씩 쓰라면 쓰고, 반복되는 연산문제 풀라면 풀고, 앞을 보라면 앞을 보고, 가만히 있으라면 가만히 있고, 이게 답이라면 답인 줄 알고, 선생님이 그렇다면 그런 줄 아는 거지, 다른 애들은 다 따라 하는데 왜 너만 그게 안 돼? 이러면 ADHD가 되는 것이다.

학생이라는 역할로만 자신을 인식하지 않고 '나'라는 의식을 가진 개인으로서 자기를 드러내면 문제가 된다. '나는 지금 이렇게 하는 방식이 마음에 들지 않아요', '나는 다른 측면에 관심이 있어요', '내 생각은 좀 달라요', '나는 이런 식의 수업방식에는 따를 수가 없어요'라고 하는 개인을 학교가 받아들일 수 없는 거다.

서로 다른 개인들을 인정하고 존중하면서 차이점을 이해하도록 노력하고, 치열하고 진지한 과정을 거쳐 합의점을 찾도록 하는 교육이 되든지 아니면 다양한 학교가 있어서 학생마다 각자 자기에게 맞는 학교를 선택할 수 있도록 해야 한다. 지금의 학교는 사람을 잡아다가 침대에 눕혀 보고 침대보다 키가 크면 다리를 자르고 키가 작으면 다리를 잡아 늘린다는 프로크루스테스의 침대나 다름없다. 학교의 교육과정, 의사소통 방식, 교수방식에 맞지 않는 아이들에게 ADHD라는 이름을 붙여 마치 비정상인 것처럼 취급하고 약물을 복용시켜 강제로 끼워 맞추려는 발상은 침대에 억지로 맞추겠다고 멀쩡한 사람 다리를 자르는 것과 무엇이 다른가.

교사와 의사의 입장

사람은 누구나 자기가 어떤 자리, 어떤 위치에 서 있는가에 따라 자기가 취해야 할 입장을 결정한다. 어떤 문제에 대해 개인이 가지고 있는 생각은 표면적으로는 선과 악, 옳고 그름, 도덕과 양심에 바탕을 두고 있는 것 같지만 사실은 자기가 서 있는 입장에 의해 결정된 것일 경우가 더 많다. 시간에 쫓겨 어디를 급히 가야 하는 상황에서, 내가 운전을 하고 가는 경우라면 마구 앞으로 끼어드는 택시를 비난하게 되지만 반대로 내가 택시를 타고 가는 경우라면 그렇게 마구 차선과 신호를 무시하고 달려서 제시간에 도착하게 해 준 택시기사에게 감사 인사를 하게 된다.

학교 교사의 입장을 보자. 학급의 어떤 학생이 수업시간에 멍하니 있고 과제를 끝마치지 못하고 지시에 잘 따르지 못한다. 시도 때도 없이 뜬금없는 말을 하고 돌발적인 행동을 해서 수업 분위기를 망쳐 놓는다. 교사는 그 학생을 통제하는 데 애를 먹고, 그뿐 아니라 나머지 학생들을 통제하는 데도 그 학생이 방해가 된다. 그러면 교사는 생각한다. '이 아이는 ADHD일지도 몰라. 병원에 가서 검사를 받아 보라고 빨리 부모에게 알려 줘야겠어. 내가 이걸 못 알아차려서 치료시기

를 놓쳤다면 어쩔 뻔했어? 빨리 치료를 받도록 부모에게 알려 주는 게 교사로서 책임을 다하는 거야.'

교사는 진심으로 아이의 건강과 장래를 걱정하는 마음으로 부모를 불러서 ADHD 검사를 받아 보라고 권고한다. 교사는 잘못한 게 없다. 교사로서의 책임감과 진정성을 가지고 아이를 걱정하고 신경을 썼다. 교사는 알 리가 없다. 자기가 한 권고가 곧 그대로 그 아이에게 ADHD 선고가 된다는 것을. 그래서 결국은 그로 인해 그 아이는 코카인이나 필로폰과 다를 게 없는 마약 성분의 각성제를 먹게 된다는 것을. 무엇보다도 그 아이는 자기 자신에 대해 엄청난 부정적 인식과 왜곡된 자아상을 갖게 된다는 것을.

교사 개인은 진정으로 아이를 위해 한 일일 수 있다. 그러나 교사 전체는, 즉 학교는 결코 아이들의 건강과 장래를 위해 ADHD를 적발해 내는 게 아니다. 어떤 아이가 ADHD일까에만 신경을 쓰고, ADHD 검사를 받으라는 권고에만 신경을 쓰고, 그 다음에 일어나는 모든 일들, 즉 ADHD의 실체, 진단 기준과 과정, 약물치료의 진실, 그것이 아이에게 어떤 영향을 끼치는지에 대해 전혀 모르고 있고, 알려고도 하지 않는다는 것이 그 명백한 증거다.

이번에는 신경정신과 의사의 입장을 보자. 의사가 ADHD 진단을 내리는 것도, 약물을 처방하는 것도 불법의료행위가 아니다. 마약류의 약이기는 하지만 어쨌든 제한적으로 사용이 허가된 약물이니까 불법이 아니다. 용법과 용량을 지키기만 하면 중독 위험이 없다는 보고들도 있고, 다른 의사들도 모두 이렇게 이 약물을 처방하고 있으니 의사 개인은 거리낄 것이 없다. 아이의 장래를 걱정하면서 한숨짓는 부모들을 보면 이렇게 약물 처방을 해서 아이를 학교에 잘 다니도록 해주는 것이 그 아이와 부모를 돕는 일이라는 생각까지 든다.

그러나 좀 다른 측면에서 살펴보자. 2009년 건강보험심사평가원이 국회에 제출한 〈연도별 초중고 ADHD 원외처방 수진자 현황(2008)〉에 따르면 신경정신과 진료를 받은 초등학생 환자 중 ADHD 비율이 67.3퍼센트였다. 신경정신과를 찾는 아동 중 3분의 2가 ADHD라는 얘기다. ADHD가 없다면 3분의 2가 떨어져 나가는 셈이다. 전체 학령기 아동 중 ADHD 유병률이 7.6퍼센트라는 보고도 있다. 학교 다니는 아이 100명 중 7명 이상이 ADHD로 진단을 받고 약 처방을 받아가는 환자라는 얘기다. 웬만한 초등학교 하나에 50명이 넘는다는 얘긴데 이 환자들은 감기처럼 어쩌다 한 번 와서 3일분 약을 처방받는 게 아니다. 3~5년 동안 매일 약을 먹어야 하는 환자가 한 학교당 50명인 거다. 2011년 한 지방자치단체는 초등학교 1학년과 4학년 학생 총 30만 명에 대해 ADHD와 소아우울증 전수조사를 실시하고 치료비 지원에 40억을 투입하겠다는 계획을 발표하기도 했다. 신경정신과가 ADHD를 포기할 수 없는 이유가 여기에 있다.

어떤 약의 위험성에 대한 연구는 한쪽으로 치우쳐 있을 수밖에 없다. 이 약의 부작용이나 중독성으로 인해 어떤 결과가 초래될 수 있는지를 밝혀내는 연구에는 오랜 시간과 막대한 연구비가 투자되어야 한다. 누가 이런 연구에 연구비를 대겠는가? 의사들과 학자들 개인이 열정을 쏟아부어 할 수 있는 일이 아니다. 그럼에도 불구하고 이런 연구

결과들이 많이 나와 있는 것은 워낙 심각한 사안이기 때문이다. 다만 이와 반대의 연구결과들이 더 많이 나와 있을 뿐이다. 제약회사로부터 막대한 연구지원을 받은.

의사들은 이런 사실을 일반인들보다 훨씬 더 잘 안다. 어디서 연구비가 나오고 그래서 어떤 연구가 이루어질 수밖에 없고, 그렇기 때문에 이런 것을 감안해서 연구결과들을 식별해야 한다는 것을. 그런데도 신경정신과 병원을 운영하는 의사들은 ADHD에 처방되는 약이 어떤 위험성을 갖고 있고 부작용이 얼마나 심각한지에 대한 연구결과를 관심 밖으로 밀어낸다. 위험하지 않다는 연구결과만을 근거로 내세운다. 일반인들은 알 길이 없다. 의사가 그렇다면 그런 줄 아는 수밖에….

성형외과 의사들 역시 불법의료행위를 하는 게 아니다. 합법적으로 의료행위를 한다. 그러다가 심각한 의료사고가 한 번 나면 그때마다 한 번씩 비난을 받는다. 상술만 앞세우는 성형외과 의사들, 사람의 목숨과 안전보다 돈만 밝히는 의사들이라고. 그런데 신경정신과 의사들은 이렇게 될 위험이 훨씬 적다. 의료사고의 위험이 없기 때문이다. 사람이 죽거나 실명을 하거나 피부가 괴사되거나 하는 눈에 보이는 사고가 일어날 리 없기 때문이다. 약물중독이 된다 해도 몇 년 뒤의 일일 테고, 그 약물중독에 ADHD 약 처방이 직접적인 원인이 되었다는 걸 증명하기도 어렵고, 당장 부작용이 심하면 약물 투여를 중단하면 그뿐이다.

성형외과 의사들도 병원을 찾아오는 고객의 행복과 삶의 질을 위해

수술을 해 준다. 그 사람을 위해서. 신경정신과 의사도 아이의 학교 생활과 학업성취를 위해 약물을 처방해 주는 것이다. 그 아이와 부모를 위해서. 혹시 잘못된 결과가 나오면 그건 고객 책임이다. 왜냐하면 그들이 원했으니까…. 위험성과 부작용에 대해 설명했는데도 그들이 그걸 감수하고서라도 치료를 받겠다고 스스로 선택한 것이니까. 다시 말하지만, 이 의사들은 불법의료행위를 한 게 아니다.

ADHD 약물의 위험성은 이미 여러 차례 논란이 되어 왔다. 언론에 보도되고 교육청에서는 각급 학교로 ADHD 약물의 위험성에 대해 알리는 자료를 배부하기도 했다(물론 ADHD가 아닌 아이들이 '공부 잘하는 약'이라는 이름으로 ADHD 약물을 남용하는 문제에 대한 것이기는 하다. 이 약이 마약 성분이고 심각한 부작용이 있을 수 있기 때문에 ADHD가 아닌 아이들이 먹어서는 절대 안 된다는 이런 보도는 거의 해마다 반복된다. 그렇다면 그런 위험한 약을 ADHD 아이들은 먹어도 된다는 것인가. 어쨌든 이런 기사들이 한 번 나올 때마다 아이들을 병원에 데려와서 처방을 받아가는 부모들이 급격히 감소하기는 했다고 한다).

제약회사들은 해마다 엄청난 홍보비를 들여 신경정신과 의사들을 초빙해 ADHD 약물치료를 권장하는 강연회나 세미나를 개최한다. 의사들은 각종 언론에 인터뷰를 하거나 기사를 써서 ADHD에 대한 공포를 조장하고 약물치료를 권한다. 학교는 진지한 고민 없이 해마다 수많은 아이들을 의사들에게 공급한다. 왜곡되고 편향된 정보밖에 접할 수 없었던 부모들은 이런 불안 마케팅의 먹잇감이 되어 스스로 자녀 손을 잡고 병원으로 찾아간다. 이렇게 해서 탄탄한 ADHD 시장이 형성되었다.

　교사들이 무책임하고 의사들이 양심적이지 못하다고 말하려는 게 아니다. 사람은 누구나 다 각자의 입장에서 사안을 바라볼 수밖에 없다는 말을 하고 싶은 거다. 그들이 나쁘다거나 틀렸다는 게 아니라, 그들에게는 그들의 입장이 있다는 것이다.

그렇다면
부모의 입장은

──　　　　　　　　마찬가지로 부모에게는 부모의 입장이 있다. 당연히 아이가 건강하고 행복하기를 바라는 것이 부모의 입장이다. 다만, 어떤 상태를 건강한 상태라고 생각하는지, 무엇을 행복이라고 생각하는지는 사람마다 다르다. 일상의 기쁨을 중요하게 생각하는 사람도 있고 사회적 성취를 행복의 기준으로 여기는 사람도 있다. 또 어느 시점에 초점을 두느냐도 사람마다 다르다. 아이가 나중에 행복하기 위해서 지금의 행복은 유보되어야 한다고 믿는 부모도 있다. 이렇게 사람마다 다 다를 수 있다. 그런데 문제는 아이들도 다 다르다는 사실이다.

　한 부모에게서 난 형제들도 다 다르다. 사람은 날 때부터 저마다 각기 다른 '자기 자신'을 갖고 있고, 그건 남편과 아내가 서로 다른 사람이듯이, 직장동료와 내가 완전히 다른 사람이듯이, 부모 자식 간에도 서로 완전히 다르다. 나에게서 태어난 갓난아이가 '어떤 사람'일지는 아무도 모른다. 그 아이가 먹고 자고 놀고 웃고 우는 걸 보면서 추측

할 수 있을 뿐이고, 좀더 자라서 걷고 뛰고 말을 하게 되면서 그 아이에 대해 차츰 차츰 알아간다. 그래서 부모는 자기 기준으로 아이의 행복을 생각해서는 안 되고, 아이의 기준에서 어떤 것이 건강한 삶이고, 어떻게 하는 것이 행복한 것인지를 생각해야 한다. 부모가 생각하기에는 이렇게 해야 행복할 것 같은데 아이는 전혀 다른 상황에서 행복할 수 있다는 얘기다.

어떤 환경, 어떤 교육이 아이에게 좋을지 아이를 기준으로 생각해야 하고, 아이 스스로 선택할 수 있어야 한다. '대안학교'가 문제를 해결해 주는 것이 아니고 '홈스쿨링'이 문제를 해결해 주는 것이 아니라, 예를 들면 아이가 학교를 그만둬야 할 때 그만둘 수 있게 해 주는 것처럼 아이가 어떤 것을 선택하고 결단할 수 있게 해 주는 것이 문제를 해결해 준다.

내가 들이를 학교에서 빼내어 대안학교로 옮긴 것은 '아이 자체가 학교보다 중요하다', '학교가 언제나 아이보다 옳은 것은 아니다', '아이가 반드시 학교에 맞출 필요는 없다', '학교와 아이가 잘 맞지 않으면 아이에게 잘 맞는 학교를 선택하면 된다'는 맥락에서 내린 결정이었다. 대안학교가 아이의 문제를 해결해 줄 거라는 낙관적인 기대로 결정한 일이 아니었다.

아이를 대안학교에 보내고 있는 부모들 중에는 자신들의 신념이 또 하나의 강고한 학교가 되어 버린 경우도 볼 수 있다. 무슨 말인가 하면, 부모가 옳다고 생각해서 선택한 교육이념, 가치, 방침 같은 것들이 또 하나의 권력이 될 수도 있다는 뜻이다. 그 신념이나 방침에 아이를 맞추려고 하면 그곳 역시 다른 학교와 다를 것이 없다, 아이 입장에서는.

부모는 어떤 경우에도 아이를 중심에 둬야 한다. 학교는 자기만의 고유한 색깔과 확고한 교육방침을 가질 수 있다. 아이도 자기만의 특별한 재능과 개성을 가질 수 있다. 그래서 서로 맞는 쪽을 선택하면 된다. 그러나 부모는 자식에 대해 그럴 수 없다. 부모가 어떤 확고한 교육방침을 가졌다 해서 그것을 고집할 수는 없다. 왜냐하면 부모도, 아이도 서로를 선택할 수 없기 때문이다. 부모는 자기 삶에 대해서는 자기를 중심으로 선택할 수 있지만 아이 교육만큼은 철저히 아이를 중심에 둬야 한다. 중요한 것은 '나는 자식을 어떻게 키우겠다' 하는 부모의 신념이나 의지가 아니라 그 교육이 아이와 잘 맞는가 하는 것이다. '어떤 아이로 키우겠다', '어떤 교육을 하겠다'는 것은 폭력이다. 자식을 키운다는 것은 나에게 태어난 이 아이가 '어떤 아이인지' 하나하나 알아 가는 과정이고 그 아이에 대해 배우고 맞춰 가는 과정이다. 그래서 자녀가 둘이면 자식을 두 번 새로 키우고, 열이면 열 번 새로 키운다고 하는 것이다.

아이를 있는 그대로 인정하고 존중해 줘야 한다고, 그것이 모든 문제를 해결해 줄 거라고 얘기하면 "부모가 아이를 있는 그대로 인정해 준다고 해서 그게 세상에서도 통하는 건 아니잖아"라고 반문할 수 있다. 그러나 많은 교육학자, 심리학자들이 귀에 못이 박이도록 얘기하는 것이 바로 '어린 시절에 부모에게 있는 그대로 인정받은 아이가 자라서 사회생활을 잘 해 나갈 수 있다'는 말이다. 유년기에 부모에게 있는 그대로 인정받지 못한 아이는 왜곡된 자아상을 갖기 쉽고, 왜곡된 욕구를 품게 될 수 있다. 어린 시절에 부모로부터 전폭적인 지지와 인정을 받는 것의 중요성은 아무리 강조해도 지나치지 않다.

지금 당장은 세상이 몰라 주더라도, 학교 선생님이 아무리 뭐라고 해도, 이웃 엄마들이 뭐라고 해도, 엄마든 아빠든 할머니든 아무튼 그 아이를 키우는 주양육자 한 사람만 알아주면 된다. 오직 한 사람, 이 세상에 단 한 사람만 알아주면 된다. 그 한 사람만 아이를 믿어 주고 인정해 주고 편들어 주고 위로해 주고 기다려 주면 된다. 그러면 그 아이는 세상에서 가장 아름답고 건강하고 빛나는 아이로 자란다, 반드시. 그렇게 오래 걸리지도 않는다. 아이를 인정해 주고 알아주기만 하면 아이는 원래의 자기 자신으로 금방 돌아온다.

과잉 불안에서 벗어나기

—— ADHD가 병인가 아닌가를 두고 토론하는 것은 어쩌면 무의미한 일일지도 모르겠다. 양악수술을 두고 사각턱이 정상이냐 비정상이냐 논쟁하는 것이 무의미하듯 말이다. 고통스럽고 위험하고 불필요한 수술이라고 아무리 경고해도 수술을 받겠다는 수요가 끊이지 않으면 그 수술의 타당성이나 위험성에 대한 논의가 무슨 소용이 있겠는가. ADHD가 병이든 병이 아니든, 그 약이 어떤 약이든, 약물을 사용하는 것이 타당하든 그렇지 않든, 그런 문제들이 전부 뒷전이 될 만큼 부모들을 압도하는 것은 '내 아이가 이

사회에서 뒤처질지도 모른다'는 불안감이다. 남들은 네다섯 살 때부터 영어 유치원에 보낸다는데, 4학년 성적이 대학을 결정한다는데, 상위 3퍼센트 안에 들지 않으면 희망이 없다는데… 이런 사회 분위기 속에서 초등학교 저학년 아이가 학교 수업 따라가는 것조차 힘들다는 소리를 들으면 부모는 불안에 휩싸이게 되고, 당장 눈앞의 문제를 없애 줄 수 있는 해결책에 의지하고 싶어진다.

이제 막 초등학교에 입학시킨 지 얼마 되지도 않았는데 아이가 학교 다니는 것조차 제대로 할 수 없다는 소리를 들으면 부모는 불안을 넘어 공포를 느낀다. 아이를 이대로 뒀다가는 영영 이 사회에서 낙오자가 될 것만 같은 공포에 휩싸인다. 'ADHD는 질병이나 장애가 아니다. 학교교육이 아이에게 잘 맞지 않을 뿐이다'라고 아무리 얘기해 봐야 부모 귀에는 들리지 않는다. 그게 병이든 아니든 무슨 상관인가. '아이가 학교교육에 맞지 않는' 바로 그것이 무시무시한 문제인데….

부모의 이런 불안 심리에 기반해서 ADHD 시장은 점점 더 커져 간다. 신경정신과는 물론이고, 한의원까지 이 시장에 뛰어들어 좌우 뇌 불균형이 ADHD의 원인이라고 주장하면서 침술이나 한약으로 ADHD를 고칠 수 있다고 광고하는 한의원들이 넘쳐난다. ADHD 치료비로 몇 천만 원이 들었다는 사례들이 보도되기도 한다. 부모의 불안과 이를 이용한 불안 마케팅이 서로 맞물려 ADHD는 실제 이상으로 부풀려졌다.

ADHD는 애초부터 실체가 없는, 불안이 만들어 낸 상상 속의 괴물인지도 모른다. ADHD는 개인의 '주의력 결핍 과잉행동'의 문제라기보다 우리 사회의 '인간에 대한 이해 결핍, 과잉 불안'이 만들어 낸 문제라고 보는 것이 더 정확할 것이다.

ADHD는 그 사회의 경제와 밀접한 연관이 있다. 북미에서 ADD(주의력 결핍 장애)에 대한 연구가 처음 시작된 건 1972년이었다. 그 전까지는 과잉행동을 치료하기 위해 소극적으로 리탈린을 처방하던 단계였는데 1980년에 ADD라는 이름의 새로운 질병이 공식적으로 등재된(DSM-III) 이후, ADHD 치료를 지원하는 비영리 단체 CHADD(Children and Adults with ADHD)의 활발한 활동에 힘입어 ADHD 치료 캠페인은 미국의 주류 문화에 파고들기 시작했다.(대중이 ADHD 약물 사용에 익숙해지게 하는 데 지대한 공헌을 한 이 단체는 ADHD 제약회사인 샤이어(Shire)에서 자선행사 및 출판물에 대한 후원으로 매년 70만 달러 이상을 받고 있다고 한다.) 그 후 미국정신의학협회(APA)가 ADD를 ADHD에 포함시킨다는 내용으로 ADHD 진단 기준을 개정한(DSM-IV) 것이 1994년이었다. 이를 계기로 ADHD로 진단받는 아동의 수가 폭발적으로 증가했고, 관련 산업(제약회사, 클리닉, 상담센터, 치료사 등) 역시 폭발적으로 성장했다.

ADHD 광풍이 몰아친 1990년대에 미국 사회에는 무슨 일이 있었을까. GATT(관세와 무역에 관한 일반 협정), WTO(세계무역기구) 등이 발효되면서 일자리가 사라지기 시작한 때가 1990년대다. 미국의 학생들은 너도 나도 공부를 열심히 해서 어떻게든 높은 학력을 가진 전문직 종사자가 되기 위해 기를 써야 했다. 부모들은 자녀의 학업성적에 목을 매기 시작했다.

우리도 IMF 이전에는 ADHD에 대해 들어 본 적이 없다. 2000년대 이후 청년실업, 취업고시, 스펙 전쟁, 특목고, 선행학습, 일제고사, 왕따, 학교폭력, ADHD … 이 모든 것들이 톱니바퀴처럼 맞물려 돌아가고 있다.

일자리, 즉 생존에 관한 위협은 가장 큰 공포다. 공교육, 사교육을 막론하고 교육 시스템은 이 공포를 무기 삼아 학생과 학부모를 지배한다. TV에 나오는 학습지 광고를 보면 하나같이 부모로 하여금 공포감을 느끼게 하는 데 초점을 두고 있다. 학원에 가면 우선 레벨 테스트부터 하고 그 학생의 성적이 어느 레벨에 속하든 관계없이 부모와 학생에게 불안과 공포를 심어 준다. 100점 맞은 학생에게 무엇으로 공포를 심어줄 것인가. "다른 애들은 벌써 중학교 과정 하고 있어. 이 정도로는 어림도 없어"라고 백발백중 겁먹게 하는 장치가 바로 선행학습이다. 이렇게 성적이 높은 아이들까지도 불안에 쫓기고 있는 상황에서, 학교 공부를 따라가는 것조차 힘들다고 하는 ADHD는 부모에게 가장 큰 공포의 대상이 된다.

ADHD 유병률 또한 부모들을 불안에 떨게 하는 요소로 작용한다. 미국에서 ADHD로 진단받는 아동은 전체 아동의 3~8퍼센트라고 하는데 우리나라는 7.6퍼센트라는 보고도 있다. 6퍼센트로만 잡아도 100명 중 6명이 ADHD 진단을 받는다는 얘기다. 그런데 ADHD로 진단 받는 아동의 남녀 비율이 약 4:1이라고 한다. 남자아이 네 명당 여자아이 한 명이라는 거다. 그렇다면 남자아이의 경우는 거의 10

퍼센트라는 얘기가 된다. 아들 열 중 하나는 ADHD라는 거다. 10분의 1이라는 확률은 불안이 극대화될 만한 확률이다. 차라리 천 명 중에 한 명이라든가 세 명 중 한 명이라면 받아들이기가 쉬울지도 모른다. '열 명 중 하나'는 누구나 '우리 아이도 혹시?'라는 불안을 가장 크게 느끼게 하는 확률이다.

위험에 처했을 때 거기서 빠져나올 수 있는 방법은 상황을 정확히 판단하고, 대처방법을 생각하고, 침착하게 실행에 옮기는 것이다. 위험에서 빠져나오지 못하고 상황을 점점 더 위험하게 만드는 경우가 있는데, 사람이 겁을 먹으면 대부분 그렇게 된다. 공포에 휩싸이면 판단력을 잃고, 꼭 해야 할 행동을 못하고, 반대로 해서는 안 될 행동을 하는 경우가 많다. 그래서 위험에서 빠져나오려면 제일 먼저 해야 할 일이 공포로부터 벗어나는 일이다. 내가 지금 하는 행동이 목적에 맞게 닿아 있는지 아니면 오직 불안해서 이렇게 하고 있는지 잘 분별해야 한다. 만약 불안해서 뭔가를 하고 있는 거라면 바로 그 행동이 상황을 더 나쁘게 만들 가능성이 높다.

지금 불고 있는 ADHD 광풍은 사회의 여러 요소들이 맞물려 만들어진 불안, 그 불안이 또 다른 어떤 요인들 때문에 증폭되고 왜곡되어 나타난 사회현상일 뿐이다. 치료가 필요한 것은 아이들이 아니라 과잉 불안에 초토화돼 버린 우리 사회, 우리 교육이다.

불안을 기반으로 해서 돌아가는 시스템은 그 구성원으로 하여금 생존에 집중하게 만든다. 그런 사회의 구성원들은 '살아남기 위해' 살아 간다. 살아남기 위한 삶에서는 힘의 논리가 모든 것을 지배한다. 그 속에서 인간다운 삶을 추구하는 사람은 도태되기 쉽다. ADHD라고 불리는 아이들은 지금의 학교에서 살아남기가 매우 어렵다. 오로지 살아남기 위한 삶을 사는 데는 유능하지 못한 아이들이기 때문이다. 직관과 창의력을 발휘하고, 눈에 보이는 것 그 너머에 의식이 이끌리는 이 아이들은 '죽이거나 아니면 죽거나' 하는 이 단순무식한 서바이벌 게임에서 가장 먼저 아웃된다.

인간다운 삶이란 생존 그 이상을 추구하는 삶이다. 인간이 도달할 수 있는 가장 높은 경지를 추구하는 바로 그 특성 덕분에 인간은 여기까지 진화해 왔다. 그런데 그런 방향으로 진화해 온 인간을 오로지 생존만을 추구하는 존재가 되도록 강제로 몰아가는 사회는 그 역방향의 힘이 치닫다가 극대화되는 순간에 바로 그 힘에 의해 파괴될 것이다. 인간다운 삶을 추구한다는 이유로 도태되는 이 아이들은 어쩌면 우리 사회가 치닫고 있는 역방향의 힘에 온몸으로 맞서고 있는, 그래서 파괴적인 종말에 이르지 않도록 우리 사회를 구해내 줄 전사들인지도 모른다.

후기

'ADHD다, 아니다'라는
틀에서 빠져나오기

"선생님네 아이는 ADHD가 아니었다니까요."

머리말에서 밝힌 것처럼, 『ADHD는 없다』를 읽은 많은 부모들이 이렇게 말했습니다. 왜 그럴까요. 이 책에 나온 들이는 왜 누가 봐도 ADHD 같지가 않은 걸까요? 그런데 똑같은 아이를 두고 왜 병원 의사들은 모두 다 ADHD라고 했을까요?

책을 쓴 시점에서 글쓴이가 들이는 ADHD가 아니라고(정확히 말하자면 애초에 ADHD다, 아니다 하고 분류할 일이 아니라고) 생각하고 썼으니 읽는 사람 누구나 들이가 ADHD가 아닌 걸로 보일 밖에요. 책을 쓰기 시작했을 때는 진단을 받았을 때로부터 5~6년이 지난 뒤입니다. 그 사이에 저는 거의 딴사람이 됐습니다.

저도 처음 진단을 받은 그 순간부터 '우리 아이는 ADHD가 아니다'라고 확신했던 건 아니었습니다. 저도 평범한 엄마입니다. 권위 있는 의사가 그렇다는데 단박에 '나하고는 생각이 다르네'라고 할 수 있는 사람이 어디 있겠습니까. 불안과 공포와 부당한 운명에 대한 분노와 억울함으로 몸부림치던 시간이 있었습니다. 그 암흑과도 같은 시간을 지나, 나 자신에 대해 직면하기 힘든 것들을 직면하고 인정하고 받아들이고 나서야 아이도, 아이 아빠도, 내 부모도, 나 자신도 있는 그대로의 사람으로 바라볼 수 있게 됐습니다. 아이의 ADHD 문제는 나와 나 자신과의 관계, 나와 나에게 중요한 사람들과의 관계, 지금까지 살아온 내 삶의 문제와 아주 깊게 관련되어 있었습니다.

아이를 데리고 병원에 찾아갔을 때 그 의사들이 보기에는 왜 전부들이가 ADHD인 걸로 보였을까요? 생각해 보면, 학교 선생님에게서 ADHD라는 말이 나오고 이 병원 저 병원을 찾아가기에 이르기까지, 아무 일도 없었는데 선생님이 어느 날 잠꼬대같이 그런 소리를 한 것이겠습니까. ADHD인지 뭔지는 모르겠으나 어쨌든 터지기 직전까지 압축돼 있던 뭔가가 있었던 건 분명합니다. '무슨 말도 안 되는 소리야', '애를 봤으면 얼마나 봤다고 저런 소리를 해?'라고 선생님을 향해 속으로 온갖 욕을 퍼붓고 병원에 가서 ADHD가 맞다는 진단을 받았을 때, 하늘이 무너지는 것 같으면서도, 또 한편으로는 다리에 힘이 풀리며 털썩 주저앉을 것 같던 그 이상한 느낌을 다른 들이 엄마들도 혹시 아시는지 모르겠습니다.

비유를 들자면 이렇게 설명할 수 있을까요. 집에 들어가 보니 아이한테 사고가 나 있었습니다. 119를 부르고 미친 사람처럼 펄펄 뛰고 있는데 경찰이 와서 오히려 나한테 취조하듯이 묻고 또 묻고 현장을 조사하고 그럽니다. 한참을 그런 끝에 다른 원인으로 사고가 난 걸로 결론이 났다는 거예요. 아이가 무사하기만 하다면 나는 어떻게 돼도 상관이 없지만, 어쨌든 내가 아이를 그렇게 만든 게 아니라는 게 밝혀졌다는 소리를 들으니 다리에 힘이 풀리고 털썩 주저앉게 되는 겁니다. 안도감이라고까지 표현할 수는 없지만 어쨌든 나도 모르게 털썩 주저앉아 울음이 터져 나온다는 말입니다. 그 경찰 앞에서의 진술 같은 것이 아니었을까 싶습니다, 의사 앞에서의 제 진술이.

6년 전에 이 책을 쓸 때는 이걸 이렇게 꺼내놓기는 어려웠던 것 같습니다. 그래서 행간에 넘치도록 '이렇게 멀쩡한 애를 저 사람들이 ADHD라고 한 거'라고 저도 모르게 말하고 또 말하고 그랬나 봅니다.

하여튼 이게 여간한 일이 아닌 건 분명합니다. 세월이 이렇게 오래 걸립니다. 아이가 ADHD라고 진단을 받은 부모들이 겪게 되는 이 깊숙하고 복잡한 내면의 혼란과 충돌을 스스로 파헤치고 해결하는 과정이 어쩌면 이 문제를 해결하는 전체 과정인지도 모르겠습니다.

결론을 말하자면, 'ADHD다, 아니다'라는 틀에서 빨리 빠져나오는 게 답입니다. 선생님이 병원에 가 보라고 했든 부모가 보기에 ADHD 아닌가 걱정이 돼서 병원엘 갔든, 아이가 현재 겪고 있는 심상찮은 문제가 있는 것은 사실입니다. 뭔가가 표출되고 있다는 것은 아이가 급박하게 SOS를 치고 있다는 뜻이기도 합니다. 그런 상황에서 ADHD다, 아니다 하는 것은 아이가 지금 이 상태가 된 것이 부모 때문이냐 학교 때문이냐 아니면 아이의 병 혹은 장애(ADHD) 때문이냐를 가려내자는 일입니다. ADHD 때문이었다고 진단을 받으면 부모는 현실적으로는 하늘이 무너지는 일이지만 심리적으로는 빠져나갈 구멍이 생깁니다.

그럼 아이는요? 쌓이고 쌓였다가 임계점을 넘어 겉으로 터져 나온 아이의 급박한 구조 요청은 묵살되고, '가만히 있게 하는' 약을 먹어서 밀도 있게 누르고 틀어막고 덮어 두도록 강제됩니다. 밖으로 뛰쳐나와 나대고 아우성치는 아이들을 다시 안으로 들어가 질서정연하게 엎드려 있도록 해서는 안 됩니다. 누구 책임이냐를 가려서 먼저 빠져나가는 일을 부모와 학교가 하고 있을 거라고는 아이들은 상상도 못한 채 기다리고 있는데 말입니다.

부모 때문도 아니고 학교 때문도 아니고 오로지 아이가 ADHD이기 때문인 걸로 몰아가는 일은 당장 멈춰야 합니다. 아이들이 어려서 힘이 없다고 이렇게까지 덮어씌워 멍석말이를 해서는 안 됩니다. 폭력을 당한 사람에게 정황을 묻고, 왕따 당한 사람한테 이유를 묻는 것처럼, ADHD도 가장 약한 자에게 책임을 물어 꼬리표를 다는 겁니다. 책임질 어른은 아무도 없습니다. 다들 먼저 빠져나갔으니까요. 내 책임도 아니고 네 책임도 아니고 'ADHD 책임이야'라고 하고서는 힘없는 어린아이들만 매일같이 알약을 먹으면서 몸으로 책임지게 하는 겁니다.

다 떠나서 그냥 하나만 물어 봅시다. 한 학급에 한두 명 꼴로, 맨 정신으로는 버틸 수 없어서 각성제를 먹어야만 다닐 수 있는 학교가, 이게 정상입니까? 내 책임 아니라고, 내 일 아니라고, 이걸 이렇게 오랫동안 아무렇지도 않게 그런가 보다 하고 놔두는 사회가 제대로 된 사회입니까?

아이가 보내는 구조 요청을 "애 혹시 ADHD 아냐?"라는 식으로 개인의 문제로 몰아가지 말고, 부모와 교사를 통해 아이에게 지속적으로 압박과 공격을 가해왔을 우리 교육의 문제, 우리 사회를 지배하고 있는 가치관의 문제, 관계의 문제, 이 모든 것들이 복합적으로 얽히고 설킨 문제들을 심각하게 들여다보고 파헤쳐 해결해야 합니다. 이대로 가다가는 우리 정말 큰일납니다. 사회적으로 해결해야 할 문제를 개인 신체의 결함에서 비롯된 문제로 몰아가고 그 대상을 일반으로부터 구분해 처리하는 방식이 꼭 어디서 본 듯하지 않습니까?

아이가 ADHD라서 지금과 같은 문제들이 생긴 것이 아니라고, 아이가 잘못된 게 아니라고 말하면 부모님들은 '그러면 내 잘못인가' 하고 생각합니다. 또는 "그렇다면 이 모든 게 학교 잘못이다. 학교와 싸워야 한다"고 생각합니다. 저는 이렇게 말씀드리고 싶습니다. 누구 잘못인지를 가려내겠다는 출발선에서 시작했기 때문에 아이가 ADHD라는 덤터기를 쓴 거라고, 그 출발점에서 시작된 게임은 돌고 돌다가 결국 또 가장 낮은 지점에서 공이 멈추게 되어 있다고. 그러니 아이의 행동에 대해 누구 잘못인지를 따지는 그 게임에서 빠져나와 아이가 긴급하게 보내고 있는 구조 요청에 먼저 귀를 기울이시라고 말씀드리고 싶습니다.

아이가 보이는 못마땅한 행동들은 어쩌면 "내가 여기에 존재해도 되나요?", "내가 없었으면 좋겠다고 생각하시는데 내가 억지로 여기에 있는 것 같아요", "내가 어떻게 해야 여기 존재해도 되는 아이가 될 수 있을지 모르겠어요"라는 호소인지도 모릅니다. 또 어쩌면 "나 좀 여기서 꺼내주세요!"라는 절박한 요청인지도 모릅니다.

  '네가 정상적인 아이로 고쳐져야만 존재할 수 있다'는 위협적인 메시지를 주지 않는 것만으로도 어쩌면 아이는 그동안 절박하게 표현해 왔던 구조 요청 신호를 멈출 수 있을 것입니다.

가만히 있지 못하는 아이들

Teaching the Restless

ADHD

이 아이들에게 결핍된 것은 주의력이 아니다

| 크리스 메르코글리아노 씀 · 조응주 옮김 · 12,000원 |

에너지가 넘치는 이 아이들은 '주의력 결핍' 장애가 있는 것이 아니라
주위 사람들의 이해 결핍, 흥미진진한 학습 환경의 결핍을 겪고 있을 수도 있습니다.
이 아이들의 성장에 결핍된 요소가 무엇인지를 제대로 통찰하고
보충해 주는 것이야말로 어른들이 해야 할 일이 아닐까요?

이 책은 미국의 한 대안학교에서 30년 넘게 교사로서 아이들을 만나 온 저자가
20여 년 동안 이른바 ADHD로 진단 받은 아이들과 함께 지내오면서 터득한
교육의 본질을 보여 줍니다. 약물 치료를 받지 않고도 얼마든지 건강하게
자신을 찾아가는 아이들 이야기를 통해 아이들이란 존재가 무엇으로 사는지,
어떻게 성장해 가는지를 생생하게 들려 줍니다.
이 책은 아이의 양육과 교육을 책임지고 있는 이들이라면
누구나 한 번쯤 읽어 볼 만한 책입니다.

꼬리표 붙이기의
함정에 빠지지 않기!

민들레

02) 322-1603 | mindle98@empal.com | mindle.org | @mindleda